学校课程变革新取向丛书　杨四耕 主编

解构性变革

学校课程发展的突破口

李悦新◎主编

华东师范大学出版社
·上海·

图书在版编目(CIP)数据

解构性变革:学校课程发展的突破口/李悦新主编. —上海:华东师范大学出版社,2023
(学校课程变革新取向丛书)
ISBN 978-7-5760-3840-8

Ⅰ.①解… Ⅱ.①李… Ⅲ.①小学-课程-教学研究 Ⅳ.①G622.3

中国国家版本馆 CIP 数据核字(2023)第 082673 号

学校课程变革新取向丛书

解构性变革:学校课程发展的突破口

丛书主编	杨四耕
主　　编	李悦新
责任编辑	刘　佳
项目编辑	林青荻
特约审读	郑　月
责任校对	王丽平　时东明
装帧设计	卢晓红

出版发行	华东师范大学出版社
社　　址	上海市中山北路 3663 号　邮编 200062
网　　址	www.ecnupress.com.cn
电　　话	021-60821666　行政传真 021-62572105
客服电话	021-62865537　门市(邮购)电话 021-62869887
地　　址	上海市中山北路 3663 号华东师范大学校内先锋路口
网　　店	http://hdsdcbs.tmall.com

印 刷 者	常熟高专印刷有限公司
开　　本	787 毫米×1092 毫米　1/16
印　　张	14.25
字　　数	141 千字
版　　次	2023 年 6 月第 1 版
印　　次	2023 年 6 月第 1 次
书　　号	ISBN 978-7-5760-3840-8
定　　价	46.00 元

出 版 人　王　焰

(如发现本版图书有印订质量问题,请寄回本社客服中心调换或电话 021-62865537 联系)

编委会

主　编：李悦新

副主编：李　娟

编　委：（排名不分先后）
　　　　郑　超　　胡丁允　　陈琦敏　　曾海清　　史丽霞　　黄嘉莉　　曾方君
　　　　陈婉均　　张博彦　　甘海燕　　李　纯　　方静蓉　　丘文梅　　林晓玲
　　　　曾雪媛　　朱秀云　　戴翠兰　　徐佳琪　　陈丹虹　　胡　杰　　滕　芳
　　　　穆玲玲　　张丽琼　　赖敏敏　　钟素宇　　矫　琦　　李　韵　　王　唱
　　　　程殊琦　　刘　敏　　莫志敏　　曾伟鹏　　吕俊伟　　赖雄亮　　杨俊维
　　　　黄建庭　　钟学通　　周英杰　　简嘉贤　　李慧勤　　麦辽霞　　张苗琳
　　　　何　垚　　黄嘉雯　　卢镇宇　　朱建东　　陈　锋　　吴美玲　　钟海涛
　　　　徐东兰　　颜韵兰

丛书总序

　　如何面对复杂的情境脉络和实践场景,是课程研究绕不开的话题。学校课程变革在理念上应具有深刻的文化性,在目标上应具有鲜明的育人性,在内容上应具有鲜活的生成性,在实施上应具有方式的多维性。课程探究需要整合的方法论视角,要合理地解释和说明学校课程变革,实证的因果分析和诠释的人文理解都是不可或缺的。回到课程实践现场,扎根课程变革场景,是课程研究的智慧。

　　第一,场景的实在性与研究的主位性。学校课程变革场景具有实在性,其实在性是在诸多课程实践因素及其相互关联中实现的。因此,作为课程研究最直接的现场,场景无需进行抽象的本体论还原,研究者便可以进入主位研究状态,便可以从参与者角度去探讨课程实践及其内蕴的理论。所谓主位研究状态,按照人类学家马文·哈里斯的观点[1],就是以参与者的观念为基础,以课程实践者的描述和分析为标准,检验研究者的主位分析的恰当程度,主要是看研究者的专业意见在什么程度上能让实践者感觉有价值、能推动课程品质的提升。课程研究的目的不是从主位研究转换为客位研究,或是从客位研究转换为主位研究,而是实现这两种研究的互释。

　　第二,场景的整体性与研究的行动性。学校课程变革场景是特定行动所构成的具体情景,它从时空统一上整合了主体与客体、理论与经验、显性与隐性等要素,并通过它们的有序结构构筑了课程变革场景的整体意义。只有将课程研究放在具体实践场景之中考察,立足过程思维,秉持整体观照,才能凸显课程研究的实践立场。进入了课程所发生的场景,课程研究才有可能真正发生,才能够带来理论与实践共赢的整体效果。课程研究在本质上是一种反思性实践,是主动且持续地审视理论、信念和假设的过程,是对场景的整体性理解和行动性体认,其目的是理解实践、改进实践和提升实践。

　　第三,场景的情境性与研究的叙事性。学校课程变革场景具有鲜明的情境性,课程探究不能脱离具体的学校情境。为此,施瓦布曾提出旨在实现理论与实践融合的实践课程观,倡导课程开发与具体实践情境相联系。[2] 从研究方法角度来说,叙事研究

---

[1] (美)马文·哈里斯.文化唯物主义[M].张海洋,王曼萍,译.北京:华夏出版社,1989:37.
[2] 史学正,徐来群.施瓦布的课程理论述评[J].外国教育研究,2005(1):68—70.

是直面鲜活的课程变革的一种研究方式。通过叙事研究,课程研究能够摆脱概念体系的束缚,从而走向更具活力、更具情境适应性的方法论领域。任何一项课程研究,如果不能进入特定的课程场景,都是无法揭示课程行动的真实含义的。

第四,场景的问题性与研究的对话性。课程是一个永远都不会完美的存在,这预示着场景是具有问题结构的存在。面对特定场景,课程研究是问题牵引的,是参与性的,是田野的。课程研究必须直面真实问题,既关涉理论,又关涉实践,二者在互动中实现融合。在特定场景中,理论与实践是双向融通的,具有对话属性。

第五,场景的特定性与研究的扎根性。课程探究总是处于具体场景之中的,总是由特定时空所确证的,场景的特定性展现了课程研究的扎根性需求。法国社会学家布迪厄指出:实践与理论的一个重要差别就是实践具有紧迫性,行动者需要"把身体置于一个能够引起与其相关联的感情和思想的总体处境之中,置于身体的一种感应状态之中",迅速做出决策。[①] 在特定场景中,研究者以置身其中的姿态思考实践、言说实践、参与实践,洞察课程发生的情境与脉络,在课程现场中进行意见分享、经验概括和理论提炼。秉持扎根研究的态度就是要基于对课程实践的理解,建立适用于特定场景的意见或理论,并反哺课程实践本身。

总之,富有实践感的课程探究,在本体论层面,总是将课程研究主客体都视为在以行动事件或经验事实为核心的场景中互动关联的存在;在方法论层面,总是将现象的与意向的、情境的与规律的等说明与解释都整合到特定场景之中,融合各种方法论的优势解决课程实践问题。

"学校课程变革新取向丛书"彰显了这样一个道理:课程研究的重点是深刻理解特定情境和条件下的课程实践本身,而不是理论推导和逻辑演绎。课程研究并不神秘,我们每一个人都是局内人,每一所学校、每一位教师都是课程研究者和创造者。

杨四耕
2023 年 1 月 15 日于上海市教育科学研究院

[①] (法)皮埃尔·布迪厄.实践感[M].蒋梓骅,译.南京:译林出版社,2012:98.

目 录

前言 从"结构"到"解构"的课程发展 　　　　　　　　　　1

第一章 悦心语文：用语言涵养儿童的精神世界 　　　　　　13

　　高尔基说："作为一种感人的力量，语言真正的美产生于言辞的准确、明晰和动听。""悦心语文"是有触感的语文，有性灵的语文，丰富人的心灵、充盈精神世界和培养高尚审美意识的语文。语文着眼于儿童语言文字运用的能力，做到言辞达意。引领儿童思维的成长和情感的涵养，培养坚强的意志和崇高的审美情操，树立立人立言的追求，这些都根植于语文学习，清耳明目，丰富儿童的心灵，涵养儿童的精神世界。

　　　第一节　用语言涵养儿童的精神世界　　　　　　　　15
　　　第二节　让儿童的心灵丰富而饱满　　　　　　　　　18
　　　第三节　丰富课程予以成长的力量　　　　　　　　　22
　　　第四节　以开放的课程延展语文素养　　　　　　　　32

第二章 悦智数学：在智趣共生中提升素养 　　　　　　　　41

　　罗素说："数学，如果正确地看，不但拥有真理，而且也具有至高的美。""悦智数学"是理性的数学，能够引发儿童的数学思考；是有趣的数学，能够激发儿童的兴趣和创造性思维；亦是有魅力的数学，能够引导儿童领略数学思维之美。"悦智数学"着眼于利用数学知识的魅力，在愉悦的氛围中，唤起儿童强烈的求知欲，激发学生数学思维，达到智趣共生，启迪儿童思维，启发儿童智慧的目的。

　　　第一节　进入智趣共生的数学世界　　　　　　　　　43

第二节	让数学浸润儿童的心灵	47
第三节	搭建框架激发学习热情	56
第四节	丰富课程夯实数学素养	60

第三章　缤纷英语：用神奇的字母了解多彩世界　71

爱因斯坦说过："兴趣是最好的老师。"英语教学一旦离开"兴趣"二字，就失去了生根的土壤，课堂将如一潭死水，激不起半点波澜。"缤纷英语"致力于以趣促学，将英语知识融入形式多样的教学活动中，寓教于乐；致力于以趣激趣，让学生在活跃的课堂氛围中主动获取知识，培养多种技能；致力于学以致用，通过创设情境的教学让学生轻松愉悦地内化知识，构建自己独特的见解，成为有个性化特征的人。

第一节	用英语打开学生了解世界的窗户	73
第二节	学英语促进学生综合素质的提升	76
第三节	缤纷课程丰富学习内容	85
第四节	高效课堂打造系统教学	95

第四章　悦雅音乐：用动听的旋律陶冶心灵　109

柏拉图曾经说过："音乐教育除了非常注重道德和社会目的外，必须把美的东西作为自己的目的来探求，把人教育成美和善的。"小学音乐教育的最大特点是从小培养学生的审美。音乐教育的过程是通过艺术实践产生的艺术形象来陶冶人的情操，净化人们的心灵，培养审美、创美的能力。由于它集中了人类审美实践的丰硕成果，所以在美育中占有特殊地位，是我们基础教育中不可缺少的一部分。

第一节　用音乐走进儿童的内心世界	111
第二节　让音乐丰富儿童的心灵	113
第三节　以丰富的课程感染儿童	119
第四节　以开放的课程延伸音乐素养	126

第五章　乐动体育：在体育运动中享受乐趣　　137

达·芬奇说：运动是一切生命的源泉。人人皆可参与体育运动，不管你是男或女，年长或年幼，健康或残疾，贫穷或富有，体育运动是人的一种权利，人人皆可乐在运动，是人类社会的理想境界。我们力求使学生深信，经常进行体育锻炼，不仅能发展身体的美和动作的和谐，而且能形成良好的性格，锻炼人的意志力。

第一节　用体育运动锻炼儿童意志品质	139
第二节　让体育运动丰富儿童文化生活	142
第三节　体验趣味课堂培养儿童体育兴趣	146
第四节　拓展课程激发儿童无限能力	152

第六章　七彩美术：创意描绘美丽的世界　　159

罗丹曾经说过："美是到处都有的。对于我们的眼睛，不是缺少美，而是缺少发现。"我们生活的大自然绚丽多彩，春天像粉色，夏天像绿色，秋天像黄色，冬天像白色，它用独特的"语言"表达美。博伊斯说过："人人都是艺术家。"艺术不只是艺术家的作品，每个人以充满生命力的态度独立思考，拥有自由自在的创造力与想象力，都是艺术家。"七彩美术"课程中，老师带领孩子们发现美，大胆创作，用创意描绘美丽的世界，让美植入学生的心灵。

| 第一节　用心发掘创造世界之美 | 161 |

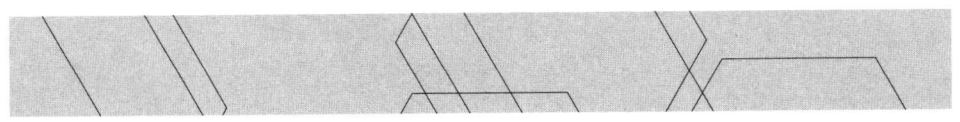

第二节　让孩子用创作美化生活　　　　　　　　　　　　164
　　第三节　创意课程给予无限灵感　　　　　　　　　　　　169
　　第四节　缤纷课程开拓七彩视野　　　　　　　　　　　　175

第七章　趣味科学：在探索中追求真趣　　　　　　　　　　189

　　科学课程以培养学生的科学素养、创新精神和实践能力为己任。学科计划通过课程激发孩子学好科学的兴趣。让孩子主动参与、动手动脑、积极体验，经历科学探究的过程，以获取科学知识、领悟科学思想、学习科学方法。这是"趣味科学"课程所期待的。

　　第一节　科学探究助力儿童成长　　　　　　　　　　　　191
　　第二节　探究科学领悟学科思想　　　　　　　　　　　　193
　　第三节　多维课程培养科学素养　　　　　　　　　　　　203
　　第四节　激发兴趣体验科学活动　　　　　　　　　　　　208

后记　　　　　　　　　　　　　　　　　　　　　　　　　216

前言
从"结构"到"解构"的课程发展

广州开发区第二小学创办于1997年9月，迄今已发展为多校区办学，拥有114个教学班，开启了集团化办学之路。学校浓郁的校园文化氛围、适宜的育人环境，无一不让人流连忘返。随着时代的发展，人民群众对高质量教育的需求日益增多，现状远远不能满足这些需求，更不足以满足学生全面发展和多元化的需求。学校推动的"解构性变革"就是要改变这一现状，创造多元化的教育环境，提高教育教学质量。

"解构即再建构"，解构结果就是产生新的结构。在过去的几年里，我们分析已有的学校文化架构，重新建构了"微笑教育"之哲学，形成了"今天你微笑了吗"的办学理念，以创建"全国微笑教育品牌学校"为目标定位，遵循"把微笑渗透到校园的每一个角落"的管理理念，落实"教给知识，留下微笑"的教学理念，围绕"亲近自然，笑对生活"的德育理念，坚持"乐知乐行，至善至美"的校训，秉持"乐观向上，激情绽放"的校风，激发"乐学善思，奇妙无穷"的学风，弘扬"乐教善导，妙趣横生"的教风，不仅打造了一支积极进取、不断创新的骨干教师队伍，而且促进了学生素质的全面提高，涌现出一大批品学兼优、综合素质强、发展全面的优秀学生。

"解构即新突破"，解构是突破以往课程体系形成新的突破。在课程建设中，解构性变革必须经历这样一个过程，从已有课程体系的解构中寻求变革，打破、分解固有的认知，再梳理、重建，产生新的认知结构。解构性变革，即将原有的结构加以深度理解，建构新的结构，生成新的意义的过程。在此理论基础上，课程建设的突破可从以下三个层面着手。

学校层面，在落实国家课程，保证课程能满足社会发展需要的同时，还需思考如何立足校本特色、学生需求、个性发展等，建立适应和促进区域经济发展的课程新体系等问题。广州开发区第二小学在专家的指引下，积极探索课程建设的新方向，在落实国家课程和开设适应学校发展、学生需求的多元课程上进行解构性变革。

学生层面,在课程建设过程中,聚焦于学生核心素养培育目标,着眼于提升学生综合学力,并致力于形成学生高品质思维能力、高水平综合素养的选择性、延伸性课程,形成培育具有智慧的未来学习者,关注生命个体全面成长的创新性、多元化课程。

教师层面,需要打通学段的障碍,突破教材的壁垒,解构现有的教材体系,有效统整国家、地方、校本课程,寻找学科知识的缘起、脉络、延伸,寻找种子课、核心知识,从循序渐进、螺旋上升的教材编排体系中寻找教学突破口,将一些有联系、有衔接、有逻辑顺序的教学内容进行整合和重组。

教师尝试构建自己的课程是其中最重要的一条成长路径。从课程的"解构"到"重建",起决定性作用的其实是教师的课程意识和专业素养,同样的课程,遇到教学理念新、专业素养高的教师,往往能焕发出极强的生命力。可以这样说,有怎样的教师就有怎样的课程,新手教师忠实执行现有课程,经验型教师会逐渐理解并尝试改变课程,专家型教师则会解构并重建课程。

一、课程理念的解构:绽放精彩个性,微笑落地开花

课程理念作为课程实施的指向标,在课程建设原本的模式中已有阐述,各科皆有其原本的、确定的课程理念,但在学科课程建设过程中,我们将原有的结构深入理解、咀嚼、消化后再结合实际与教学情况将课程理念放在现实条件中加以个性化的理解,具体问题具体分析,发掘出其彰显的意义,即为课程理念的解构,也是我们真正让学科课程建设扎根于二小这片沃土、生根发芽的重要方式。

(一)以趣带学,情境奇旅

广州开发区第二小学课程建设中的七个科目皆离不开学生这一核心,而兴趣又是最好的老师,不论是哪一科,都离不开以学生的兴趣促进教学的有效实施。这也体现在我校课程建设从学生出发,以学生为主,让学生愉悦的情感体验助力有效学习的发生。课程以学生的好奇与兴趣激活他们对知识的渴求,通过教师创造合适、自然的情境,学生更容易产生对知识的兴趣,也更易激励学生主动进行探究,例如悦智数学强调"智从趣生,趣由智始,智趣共生";悦雅音乐关注学生的兴趣爱好与音乐交流所产生的情感体验;趣味科学更是注重学生趣味科学体验。这正是我校"3F"理念中"Fun"的体现,即"愉悦、愉快",我校以趣味为牵引,带领学生来一场知识的奇幻旅行。

(二) 多元综合，共享互通

学科教学与课程建设从来都不是孤立的、片面的。我校学科课程建设注重学科融合互通，实现互助共赢的学科课程体系，打破学科之间固有的壁垒，通过主题活动、学科联动等方式实现学科之间的互通。课程为学生构建具备多样化、多元性，涉及多方面、多领域的精神大餐。我校在实现学科综合、资源共享、学中互通的同时也保留各学科特色，在缤纷的学科交流融合中既有针对性，又潜移默化地指导学生领略不同学科中的精彩。

(三) 找准抓点，突破深入

我校在学科建设与发展过程中形成了不同的成果，也凸显了不同学科的特点。在学科课程建设中，我校立足各学科在学校所做的学科探索与实践，抓准特点，找准切入点，例如悦心语文强调以语言涵养儿童的精神世界；而悦智数学则关注智趣结合……

我校在课程建设中找准抓点，将学科与学生紧密联系，找准重点，通过切入点将学科知识、学习内容植根学生心灵，并渐渐延伸开去。根据学生的需求与能力，根据学生兴趣的方向与创新爱好的需求，进行拓展提升。

(四) 学以致用，实践互动

理论与实践的结合是必要的，知识输入后能顺利调取、输出、使用才是真正的学习。各个科目皆有其实践性，实践也是每一个学科必不可少的要素。我校在课程建设过程中坚持挖掘学生实践的机会，给予学生实践以引导，让他们将学科知识运用起来，通过师生互动、生生互动、家校互动，为学生创造良好而广阔的实践平台，让"学以致用"走出去，将实践立足课堂又走出课堂。悦智数学通过学校特色平台的建设、学校与社会、学校与家庭等联系以及我校特色项目的建设，将实践互动在校园中做扎实，并拓展开去，多样化地实现理论指导实践。学生在各科学习中都能在实践中求取真知，获得实践、互动的快乐。

(五) 民族传承，开放包容

不论是什么学科，都必须坚持民族性。我校课程建设坚持中华民族优良传统，同时结合时代的发展，将民族特色融合在课程中，在丰富的体验里与学生进行互动，在不同的学科课程中吸收民族文化精髓，同时打开国际视野，让民族文化走出去。例如悦雅音乐学科课程、七彩美术学科课程中都关注到了中华优秀传统审美观念的培养，也能对比世界其他优秀文化，在辩证中吸收，在开放中交流，在包容中共同进步。缤纷英语学科课程建设过程中也是如此,乐动体育学科课程建设中还打造了武术特色课程,让少林拳、太极扇等传统健体项目走进学生的学习、生活。

(六) 想象领悟,激发创新

想象力、创新力都是学科课程建设的重点。处于小学阶段的学生富有想象力、创造力,我校课程建设致力于通过教师引导,发挥学生想象力,助力学生自主探究与合作,激发学生创新意识,让学生在创新中获得体验感、成功感。学生将知识学"活",增强知识的弹性,为开启思维的宇宙提供无限的可能。我校课程建设不仅为学生提供广阔的平台,更在为学生提供足够知识的基础上鼓励、帮助学生实现创新、创造。

二、课程目标的解构:目标丰满灵活,丰盈学子羽翼

课程建设的探究、讨论,最终都是为更好地培养学生。课程建设的目标指向是最终要培养怎么样的学生,这是我们的培养目标,指引着我们前行。广州开发区第二小学努力寻找课程建设的突破口,对学生的培养目标进行解构、探索,从统一的目标转向调适的目标,尊重学生个性发展,保证既有共性,达到学生发展、学习的基本要求;更有个性,有学生们自主的发展、兴趣的绽放、多彩的学习体验。

我校"微笑教育"提出"3F"理念,倡导学生学习获得"鱼""渔""愉",第一个"鱼"是知识与能力本身的学习,第二个"渔"则是过程方法与实践,习得方法并能进行处理、实践、运用等,第三个"愉"为情感态度价值观方面的目标,即获得良好的学习体验。我们也以"3F"的角度切入,共同探讨我校课程目标的解构性改革,关注学生个性化发展,通过因材施教,强调学生调适的目标,尊重学生差异性与生长规律,朝着自然、调适的发展目标进行课程建设。

(一) 鱼——知识能力目标

学生需掌握各科基本知识,充实自我,应在学习的过程中,在教师的引导下构建各科的知识结构,将其细化,形成有条理、科学的知识储备,在知识结构中互通互联,形成综合知识网络,在汲取知识的同时跟进知识的更新脚步。因此,学科课程建设应培养有学科知识、有综合知识的学生,使学生具备向上攀爬的垫脚石和稳固的根基,同时这也是学生不断进步的知识基础。

素养也是培养学生的重要目标之一,我校七大学科课程建设中均对学科素养有所

要求。我们应培养有能力、有素养的学生。学科的素养体现了学科育人价值,我们要提高学生的素养,增强学科在个人发展中所起的作用,以素养为线,带动学生能力的形成与运用。

学科的意识与习惯是可以培养的,例如语文、英语学科有语感,数学有数感,音乐有乐感等,这些都是感悟学科的意识,也是教学中潜在的习惯。我校课程建设力求在微笑理念的指引下,微笑活动的引导下,微笑课堂的教学中让学生在潜移默化中获得学科的意识与习惯,在不断学习、成长的过程中受到各科的熏陶,形成独特的感受与良好的学习、应用习惯,同时有反思意识,学会踏着过去的脚印前进,最终成为想进步、能进步的学生。

(二) 渔——过程方法目标

学生是课堂的主人。学生在学习过程中逐渐体会、学习到合作与探究是解决问题的好方法,也是学生应形成的重要能力。教师构建合作探究型课堂的同时也要引导学生掌握合作、探究的方法,这种学习方法是长久的,不只在学校学习中体现出来。我校强调培养学生的探究能力与合作意识,以获得长久的学习与发展,在从统一的目标转化为调适的目标的过程中,学生的合作探究方式被拓展,方式更多样,探究更广泛,也更具有个性发展的潜力。

创新是引领发展的第一动力,学生拥有创新能力,能发挥其想象力,将创意变成现实,提高创新力是课程建设培养学生的目标之一。创新使得学科充满生机与活力,使课程变成生长的、动态的过程,也使学生的学习充满活力,朝着自己感兴趣的方向思考、拓展。发挥学生个性,在基础目标基础上给予指导,制定个性化目标,也是统一目标解构为调适目标的体现。创新力是培养学生运用学习方法进行加工再创作的能力,也是重要的课程培养目标。

大数据时代下的教育可获得庞大的信息支持,在培养学生的课程中,需将信息资源的收集、整理与准确提取利用作为重要的培养目标,让学生学会正确地处理信息、使用信息,助力他们的学习与生活,将学习与信息时代发展接轨,紧跟时代与发展步伐,培养信息时代下现代化进程中奋进的少先队员。

理论知识指引我们的航向,而实践运用则让知识真正落地,培养能灵活完成实践与运用的学生是课程建设的培养目标之一,我们应培养有行动的学生,实践运用是学生重要的学习能力,也是未来学生发展过程中必不可少的素质。我校课程建设注重学生实践运用能力的培养,为学生提供良好的平台,促进学生实践运用能力目标的实现。

学生在课程学习的过程中潜移默化地吸收对美的感受,培养对美的兴趣。我们注重对学生审美鉴赏能力的培养,使学生能够正确欣赏美、感受美,从而走进美、创造美,能正确理解美的含义,产生自己对美的理解与独特感受,因此对于学生培养的统一目标经过解构性改革,转化为调适的目标,发挥学生的个性与主观能动性,进行个性化审美。

(三)愉——情感态度目标

学科课程建设中要培养学生良好的思想道德修养,注重在课程进行过程中引导学生学习、吸收正确的思想道德,培养有思想、有道德、有政治觉悟的社会主义栋梁,朝着正确的方向前行,坚定理想信念。我校课程建设坚持跟党走,培养学生正确的思想道德与世界观、价值观、人生观。

我校课程建设培养学生正确地对待民族文化,在了解与感受中能逐渐获得民族文化的认同,增强民族自信,在多元的知识学习中主动发展民族文化,传承中华文明,培养学生对文化的尊重包容态度,感受中国传统文化的魅力,同时吸收、借鉴其他文化、其他观点的长处,认同、发展本国文化、本校文化,培养学生的归属感、自豪感。

生动有趣的课堂能较好地吸引学生关注课程内容。在情感目标中,我校课程建设培养学生学习新知时保持对知识、对学问的好奇心与求知欲,激发学生自主学习、主动生长的欲望与动力,让好奇心带动学习的实现,让学生做生活的有心人、学习中的小主人。有问题意识,善于发现问题、提出问题;也有动力、有方法去探究、解决问题,把课堂真正还给学生。学生也能在学习、疑问与解决中获得成就感,从而推进更深入的学习或创新的发生,培养有热情、有活力的学生。

我校课程建设力求培养身心和谐发展的学生,在注重学生学习与收获的同时,也非常重视学生身体、心理健康的发展。在学科课程推进过程中,学生在教师精心准备的精神大餐中不但能获得知识和精神上的满足,在身心健康和谐发展方面也能有所裨益。培养身心共同发展的学生,要注重每个学生身心状况各不相同,因此对于学生身心和谐发展的目标而言,仍应该是调适的。

三、课程体系的解构:建造多彩课程,丰富学子人生

课程体系承载了课程建设的理念和目标。在学校课程建设的过程中,我校立足于

课程体系的重构,使之更适应于实际的教学生活,有力提升教学的有效性和延展性。广州开发区第二小学在义务教育课程标准的基础上,打破原有学科课程体系,构建了"让孩子微笑每一天"学科课程。在此课程体系下,学校致力于把每一个二小学子都培养成品行善良、聪慧好学、活力飞扬、才艺多元、阳光自信的优秀少年。

本课程体系由七部分组成。悦心语文——用语言涵养儿童的精神世界;悦智数学——在智趣共生中提升素养;缤纷英语——用神奇的字母了解多彩世界;悦雅音乐——用动听的旋律陶冶心灵;乐动体育——在体育运动中享受乐趣;七彩美术——创意描绘美丽的世界;趣味科学——在探索中追寻真趣。课程突破了原有局限,打破学科界限,给予课程更加开放的视野和持续发展的路径。课程打破学习空间的限制,把原有传统传授知识为主的课程文化,改为更加注重学科特色,强调学科之间融合的学科体系。

在重建学科体系的过程中,学校在充分尊重学科建设、学生发展基本规律的基础上,更加注重发挥本校优势和特色。在七大课程框架下,我校根据每个年段的发展特点,制定了多样化的特色课程,形成了独具特色的课程文化——有妙趣横生的"故事大会",绚丽多彩的"美丽的窗花",还有风趣幽默的"画中有话",活力四射的"绳彩飞扬"……这些特色课程群的设置,使得学校课程体系更加完善、立体。我们在课程体系中努力落实"让孩子微笑每一天"的建设理念,让每一个微笑少年都能在课程学习过程中收获自信、乐观和勇气。

四、课程实施的解构:多元落实课程,丰富多彩生活

在学科课程的架构中,让课程逐步落地实现,在实施中解构、落实丰富多彩的课程,成了学校课程建设过程中的重要一环。有别于原有的"落实在课堂"这种单一的实施路径,我校在课程实施解构中更加强调在扎根课堂的同时,更积极调动和统筹课外、校际、家校等课程实施资源,有效助力课程的实施环节,充分尊重教师、学生在实际教学中的交流与互动,发扬师生个性,充分发挥教师特长,展现学生闪光点,在学生生长点上加以呵护、引导。我校课程落地实施方式更加多元、丰富、独具个性,让学生在解构的实施过程中得到更丰富的情感体验、更切实的成长。

在课程实施方面,我校更加注重学科知识与生活实践相结合,鼓励学生从课本走

向生活,从课内走向课外,拓展更广阔的课程实施天地,打破原有的课程实施模式,把实施进行解构重组。就如我们在"悦心实践""悦智探究""缤纷探究"等课程的实施过程中鼓励学生走出课堂,通过设计多样的实践活动让学生从实践中更深刻地理解知识,同时也能真正把知识运用到生活实践中,其间还注重学生的情感体验和能力培养,让课程实施多彩起来,动起来。

我校不仅关注课程实施中的课堂教学,更关注把课程通过丰富多彩的校园活动带到学生的身边。读书节、数学节、体育节、科技节等活动的开展,链接了课程的实施,为学生的校园生活注入了新的活力。学生在多姿多彩的校园活动中,夯实学科知识,提高知识运用的能力,进而更进一步提升自身的综合素养。

我校在课程实施过程中注重营造"微笑教育"的教育环境氛围,让学校的每一棵树、每一堵墙都会说话。课程的实施不仅要落实到每一次课堂教学上、每一场校园活动中,更要落实到校园里的每一个角落,每一位教师、学子的身上。走进二小校园,迎面扑来的是学校课程对孩子个性的尊重,是教师对孩子课程实施过程中能力的塑造和培养,更是学校"微笑课程"在校园中的体现。教室墙外的"乐乐成长足迹"存放着孩子们在实施过程中的成果、平时学习中的积累与思考,校园大厅中展示着孩子们在"七彩美术"课程实施中收获的创意和灵感碰撞出的精彩……在课程落地实施的过程中,我校打破小小课堂的限制,拓展课程实施的舞台,也给予学生个性展示的舞台和学习成长的天地,更加尊重学生的个性发展,让每一个学子都能够在微笑课程的实施中找到自我,发扬个性,促进自身综合素养的提高,为全面发展的人生添一分色彩。

五、课程评价解构:建立多元评价,共促学生发展

课程评价是学科课程评价和教学评价的统一,校本课程的评价也是对自身开发历程进行评价,是校本课程开发质量的监控。课程评价的多元化,赋予多主体课程评价权利。广州开发区第二小学课程评价不只局限于对课程结果的监控,还对课程开发的过程、实施过程和评价本身进行评价,以构建多元特色的评价体系。

以广州开发区第二小学"悦智数学"为例,看课程如何多元评价,促进学生发展。首先"悦智数学"根据课程目标确定了评价的总要求:评价要关注儿童的学习结果,更要关注儿童在学习过程中的发展和变化。应采用多样化的评价方式,恰当呈现并合理

利用评价结果,发挥评价的激励作用,帮助教师进行总结与反思,调整和改进教学内容和教学过程。"悦智数学"课程评价系统中包含了对基础知识和基本技能的评价,数学思考和问题解决的评价,还有学科情感的评价。课程还开发了一套课堂评价量化表,该量化表参与的主体有老师、家长,还有学生主体,使得评价主体多元化,范围更全面。在评价方式上,"悦智数学"课程的评价包括书面测验、口头测验、开放式问题、活动报告、课堂观察、课后访谈、课内外作业、成长记录等。在条件允许的情况下,也采用网上交流的方式进行评价。每种评价方式都具有各自的特点,教师应结合学习内容及儿童的学习特点,选择适当的评价方式。

六、课程管理的解构:强化课程管理,提升课程质量

课程管理将极大促进课程实施,有利于全面推进素质教育;有利于学校办出特色,建立全新的课程理念,提升学校的办学质量;有利于更大程度地满足社会、家长和学生的需要,尽可能地培养出有个性、有特色、学有所长的未来人才。首先,为了有效地进行课程管理,学校通过请专家专题讲座和积极选送教师外出学习,让教师掌握校本课程的基本原理,明确课程目标、课程内容、课程实施、课程常识、课程探究等基本理论,为校本课程开展提供理论依据;学校还建立了以校为本的教学研究制度,建设有利于教师创造性开发校本课程的环境。其次,学校加强与教研部门、高等院校等机构建立联系,推动校本课程的研究;同时也加强与其他学校间的信息交流,实现经验共享。

在课程实施的过程中,学校建立了完善的管理制度。学校要求任课教师认真备好每一节课,按步骤实施,推门听课,随时测评。教师应有计划、有进度、有教案,按照学校整体教学计划的要求,达到规定的课时与教学目标。教师应保存学生的作品、资料及在活动、竞赛中取得的成绩资料。教师要认真写好教学案例,及时总结反思。每学期召开一次校本课程研讨会,展示优秀教师的成功经验,解决存在的问题,及时总结课程实施的情况。

课程建设是一个动态、发展的过程,需要随着社会发展和课程中的新问题不断充实。微笑课程作为知识的存在与再现,其根本在于生命与世界的联系,并由此走向丰盈、走向深刻、走向多维。在发展素质教育、深化课程改革前进的道路上,我们将与时俱进,不断研究与实践,努力使学校课程建设保持在创新发展、多元有效的道路上。

学校先后获得"中国青少年素质教育研究实践基地""全国科研兴教示范基地""全国文明礼仪示范校""广东省一级学校""广东省绿色学校""广东省现代教育技术实验学校""广东省书香校园""广州市特色学校""广州市优秀家长学校示范校""广州市科技教育工作先进单位""广州市语言文字示范学校"等100多项国家、省、市级荣誉称号。

由于学校办学成熟、影响较大、特色凸显,《广东卫视》《广东电视台现代教育频道》《华娱卫视》《中国教育报》《语言文字报》《南方都市报》《新快报》《广东青年报》等多家媒体均对学校的微笑教育进行过报道。学校还被广州市教育局评为广州好学校,办学成果《有一种教育叫微笑》《SMILE课程:逻辑与深度》《用微笑做教育》《微笑教育　生命礼赞》分别由北京师范大学出版社、华东师范大学出版社、东北师范大学出版社、吉林教育出版社公开出版发行。

(撰稿人:陈婉均　甘海燕　张博彦　胡丁允)

第一章
悦心语文：用语言涵养儿童的精神世界

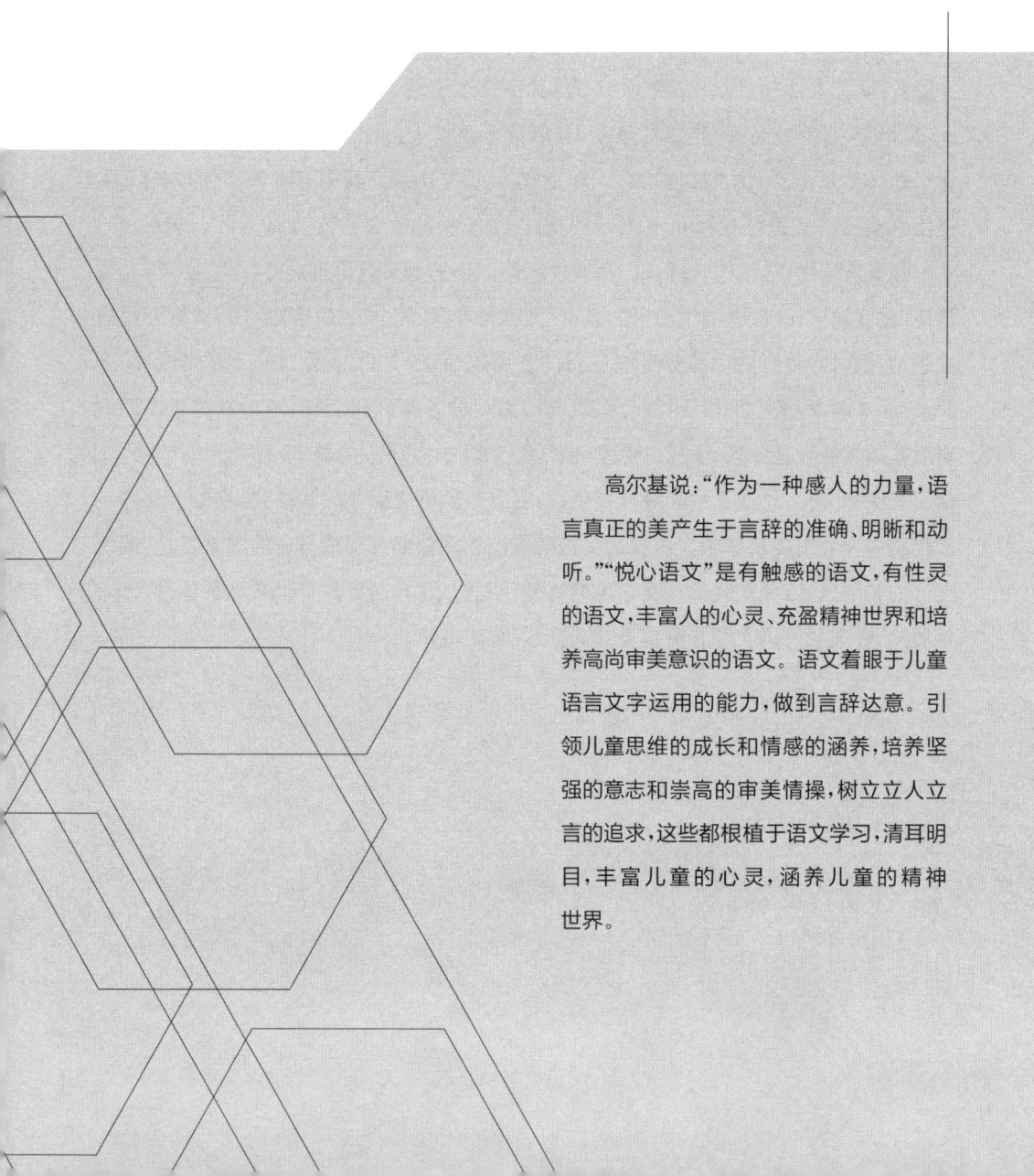

高尔基说："作为一种感人的力量，语言真正的美产生于言辞的准确、明晰和动听。""悦心语文"是有触感的语文，有性灵的语文，丰富人的心灵、充盈精神世界和培养高尚审美意识的语文。语文着眼于儿童语言文字运用的能力，做到言辞达意。引领儿童思维的成长和情感的涵养，培养坚强的意志和崇高的审美情操，树立立人立言的追求，这些都根植于语文学习，清耳明目，丰富儿童的心灵，涵养儿童的精神世界。

广州市开发区第二小学语文组，现有教师64人，30岁以下的青年教师41人，31—45岁年龄段的老师有16人，45岁以上的老师有7人。中小学高级教师6人，中小学一级教师17人，中小学二级教师41人；其中广东省优秀教师1人，南粤优秀教师2人，广州市"百千万名师"培养对象3人，市骨干教师2人，市"十佳"教学能手2人，区骨干教师1人，区"十佳"教学能手2人，区教坛新秀2人。其中有1人担任校长，2人担任副校长，2人担任校区负责人，1人担任学校教导主任。女教师63人，男教师1人。师资队伍优良，结构合理。广州开发区第二小学语文教研组秉持"丰富心灵，充盈精神，做有触感、有性灵的悦心语文教育"的课程理念，充分发挥团队合力，认真开展有主题、有探讨的教研活动和分年级进行的备课组活动，并以年段为单位开展说课、磨课、听课活动，积极参加市、区教育主管部门组织的各类教研活动，带动教育集团的教研组共同发展。近年来，学校以课堂为抓手，积极响应课改的要求，深化课堂改革，不断凝练课堂文化，总结了一套颇具特色、行之有效的语文课堂教学模式，在省、市、区各级优质课大赛中屡获殊荣。我校语文组的每位教师都努力形成自己的教学特色，凝练自己的教学风格，课堂教学深受学生的喜爱。我们依据《义务教育语文课程标准（2022年版）》，推进我校语文课程群建设，取得了可喜的成效。

第一节　用语言涵养儿童的精神世界

《义务教育语文课程标准(2022年版)》指出:语文课程是一门学习国家通用语言文字运用的综合性、实践性课程。① 义务教育语文课程围绕立德树人根本任务,充分发挥其独特的育人功能和奠基作用,以促进学生核心素养发展为目的,综合构建素养型课程目标体系;面向全体学生,突出基础性,使学生初步学会运用国家通用语言文字进行交流沟通,建立文化自信,德智体美劳得到全面发展。语文课程结构遵循学生身心发展规律和核心素养形成的内在逻辑,以生活为基础,以语文实践活动为主线,以学习主题为引领,以学习任务为载体,整合学习内容、情境、方法和资源等要素,设计语文学习任务群。拓展语文学习空间,提高语文学习能力。②

一、学科价值观

《义务教育语文课程标准(2022年版)》明确指出:语言文字是人类社会最重要的交际工具和信息载体,是人类文化的重要组成部分。工具性与人文性的统一,是语文课程的基本特点。语文课程致力于全体学生核心素养的形成与发展,为学生学好其他课程打下基础;为学生形成正确的世界观、人生观、价值观,形成良好个性和健全人格打下基础;为培养学生求真创新的精神、实践能力和合作交流能力,促进德智体美劳全面发展及学生的终身发展打下基础。③ 义务教育语文课程实施从学生语文生活出发,创设丰富多样的学习情境,增强课程实施的情境性和实践性。

《义务教育语文课程标准(2022年版)》还指出:"教师要多角度分析、使用课程资源,善于筛选、组合课程资源,利用课程资源创设学习情境,优化教与学活动,提高教学效益;学校要整合区域和地方特色资源,设计具有学校特色、区域特色的语文实践活

---

① 中华人民共和国教育部.义务教育语文课程标准(2022年版)[S].北京:北京师范大学出版社,2022:1.
② 中华人民共和国教育部.义务教育语文课程标准(2022年版)[S].北京:北京师范大学出版社,2022:2—3.
③ 中华人民共和国教育部.义务教育语文课程标准(2022年版)[S].北京:北京师范大学出版社,2022:1.

动,落实学习任务群的目标要求,增强语文课程内容的丰富性和课程实施的开放性。"①

基于这种认识,我们认为语文课程应以学校为主阵地,以语文课堂为轴心,以理解和提炼为载体,以鉴赏与创作、吸收和表达为载体浸润学生的心灵,并向学生课内外、校内外的生活全面渗透,为学生形成正确的世界观、人生观、价值观,形成良好个性和健全人格打下基础。

二、学科课程理念

我们将遵循语文教育的规律、正确把握语文教育的特点,旨在借助言辞的准确、明晰和动听,既传授知识,又给人以美感;既启迪人的心智,又给予人成长的力量,收获心灵的充盈和丰满。我们将用语言涵养儿童的精神世界,引领每一个学生在语文殿堂的自我发现和成长,让每一个学生都能在语文的天地里有尊严地、高质量地生活,即致力于打造"悦心语文"。

1. "悦心语文"将以书为本,对教材进行适量延伸

教材是一个引子,它帮助学生打开一扇认识世界和了解世界的窗户。课本中的内容是精华的节选,这就要求老师要把窗外的知识变成一幅画,一个丰富多彩的世界,让学生在其中无限畅游。

2. "悦心语文"注重在"活动"中培养学生的语文实践能力

我们不刻意追求语文知识的系统性和完整性,而是通过学生大量自主的阅读、习作和口语交际实践,引导学生掌握运用语文的规律,培养学生的语文能力。

3. "悦心语文"将以"生"为本,激发学生的学习兴趣

我们一直尊重学生的个人感受和独特体验,鼓励学生发表富有个性的见解。我们懂得教室里每一个不起眼的孩子,可能是许多人的"全部",所以我们致力于让教室里每一个孩子过有尊严的生活;让每一个站起来回答问题的孩子体面地坐下。

总之,"悦心语文"开放且富有创新活力,能密切关注学生的发展和社会现实生活

---

① 中华人民共和国教育部. 义务教育语文课程标准(2022年版)[S]. 北京:北京师范大学出版社,2022:54—55.

的变化,确立适应时代需要的课程目标,开发与之相适应的课程资源,形成相对稳定而又灵活的实施机制,注重整合,重实践,重熏陶,用语言涵养儿童的精神世界,在反复实践中全面提高学生的语文素质。

第二节　让儿童的心灵丰富而饱满

依据《义务教育语文课程标准(2022年版)》,我校着力构建有特点的课程体系,制定了"悦心语文"学科课程目标,让每一个孩子的心灵丰富而饱满。

一、学科课程总体目标

《义务教育语文课程标准(2022年版)》中指出:"课程目标围绕核心素养,体现课程性质,反映课程理念,确立课程目标。核心素养是学生通过课程学习逐步形成的正确价值观、必备品格和关键能力,是课程育人价值的集中体现。"[1]同时,新课标也明确了核心素养也是文化自信和语言运用、思维能力、审美创造的综合体现。在语文学习过程中,既要培养爱国主义、集体主义、社会主义思想道德和健康的审美情趣,又要发展个性,培养创新精神和合作精神,使学生逐步形成积极的人生态度和正确的世界观、价值观。

学生通过语文学习,认识中华文化的丰厚博大,汲取民族文化智慧。培育热爱祖国语言文字的情感,增强学习语文的自信心,养成良好的语文学习习惯,初步掌握学习语文的基本方法。学会汉语拼音,认识3 500个左右常用汉字。能正确工整地书写汉字,并有一定的速度。能借助工具书阅读浅易文言文,背诵优秀诗文160篇(段)。具有独立阅读的能力,学会运用多种阅读方法,关心当代文化生活,尊重多样文化,吸收人类优秀文化的营养,提高文化品位,丰富自己的精神世界,有较为丰富的积累和良好的语感,注重情感体验,发展感受和理解的能力。

学生们还要通过学习观察、思考、表达和创造的方法,在实践中学习和运用语文,能具体明确、文从字顺地表达自己的见闻、体验和想法。具有日常口语交际的基本能力,学会倾听、表达与交流,初步学会运用口头语言文明地进行人际沟通和社会交往。能根据需要运用常见的表达方式写作,发展书面语言运用能力。初步具备搜集和处理

---

[1] 中华人民共和国教育部. 义务教育语文课程标准(2022年版)[S]. 北京:北京师范大学出版社,2022:4.

信息的能力,学会使用常用的语文工具书,积极尝试借助新技术和多媒体开展跨领域学习。学科课程总体目标着眼于语文素养的整体提高,用语言涵养儿童的精神世界。

二、学科课程年段目标

根据义务教育教科书、教师教学用书、课程标准,我们制定了语文学科年段目标。这里以三年级为例说明之(见表1-1):

表1-1 "悦心语文"课程三年级目标表

年级	单元	上学期	下学期
三年级	一	1. 认识28个生字;会写26个生字;正确读写"早晨、穿戴、鲜艳、服装、打扮、校园"等重点词语。 2. 理解课文内容,体会作者表达的思想感情。体会习作的乐趣。 3. 感受校园的美好,激发对学校的热爱之情。 4. 关注有新鲜感的词语和句子。	1. 认识40个生字,会写36个生字,积累优美的词语。 2. 正确、流利、有感情地朗读课文,品味优美的语句段。 3. 初步把握课文主要内容,了解观察的方法,体会关键词句在表情达意方面的作用。 4. 培养观察美、欣赏美的情操,激发热爱语言的情感,领悟作者所描绘的意境。
	二	1. 认识37个生字;会写39个生字;正确读写"水泥、亮晶晶、图案、排列、规则、迟到、颜料、丰收"等词语。 2. 正确、流利、有感情地朗读课文。背诵《古诗三首》《秋天的雨》第2自然段。默写《山行》。 3. 读懂课文内容,了解秋季景色的美好。 4. 初步体会课文中一些描写景色的句子的作用,从中感受作者想要表达的思想感情。	1. 认识31个生字,学会32个生字,积累好词好句。 2. 正确、流利、有感情地朗读课文,了解课文的主要内容,明白故事蕴含的道理。 3. 分角色朗读课文,体会作者的表达方式。 4. 学编寓言故事。

续 表

年级	单元	上学期	下学期
	三	1. 认识40个生字;会写26个生字;正确读写"剩下、斧子、火柴、煤油灯、旅行、拼命、流泪"等词语。 2. 有感情地朗读课文。 3. 读懂课文内容,积累好词佳句。 4. 初步培养从童话故事中感悟出道理的能力。	1. 认识49个生字,会写37个生字,正确读写"造纸术、伟大、石匠、设计、创举"等词语。 2. 通过查字典和联系上文理解词语,学会运用词语。 3. 理解并背诵古诗,了解中国传统节日的风俗习惯。 4. 收集中国传统的发明、建筑、绘画等方面的图片等资料,激发热爱祖国传统文化的兴趣。
	四	1. 认识29个生字;会写13个生字;正确读写"门板、准备、暴风雨、墙壁"等词语。 2. 正确、流利、有感情地朗读课文。 3. 读懂课文内容,了解故事背后蕴藏的道理。 4. 通过本组课文的学习,初步掌握续写故事的能力。	1. 认识26个生字,会写25个生字,积累文中的生词。 2. 正确、流利、有感情地朗读课文,背诵《花钟》第1自然段。 3. 读懂课文内容,积累好词佳句。 4. 了解作者观察、表达的方法,学习作者观察发现和探索的精神。 5. 培养留心观察周围事物的习惯,激发探索大自然奥秘的兴趣。
	五	1. 认识11个生字,会写26个生字。正确读写"一本正经、蒲公英、观察、玩耍"等词。 2. 正确、流利地朗读课文。 3. 初步读懂课文内容,体会作者留心观察事物的方式。 4. 理解重点词义,学习外形、动作的描写方法,学习按时间顺序写作的技巧。	1. 认识16个生字,会写25个生字,正确读写"麻烦、悠闲、形状、继续、卖力、难受、入神、担心、失望、秘密"等词语。 2. 正确、流利、有感情地朗读课文,了解课文主要内容。 3. 理解重点词语和句子。 4. 感受课文里奇特的想象,学习发挥自己的想象续编故事,或仿写故事。 5. 发挥想象续编故事,或仿写故事。

续 表

年级	单元	上学期	下学期
	六	1. 认识43个字,会写51个生字;正确读写新词"激艳、空蒙、西子、相宜、成群结队、各种各样"等。 2. 正确、流利、有感情地朗读课文,背诵《古诗三首》,默写《望天门山》。 3. 读懂课文内容,了解我国地大物博的特点。 4. 初步学会体会诗歌的意境,感受湖光山色的美。了解西沙群岛、小兴安岭、海滨小城的物产和景色,激发热爱祖国、热爱大自然的感情。	1. 认识本单元的35个生字,会写35个生字,正确读写"水墨画、葫芦、透明"等词语。 2. 正确、流利、有感情地朗读课文,抓住人物的表情、动作和心理活动感受人物的特点,感受童年生活的丰富多彩。 3. 能在阅读中拓展想象,训练阅读能力,养成良好的阅读习惯,看看"剃头大师"的趣事。
	七	1. 认识24个生字,会写39个生字。注意"奏、聚"的读音,"琴、器、敲"的写法。正确读写词语"茫然、凝神静气、惊愕"等。 2. 正确、流利、有感情地朗读课文。背诵《大自然的声音》第2—3自然段。 3. 读懂课文内容,了解大自然各种各样的声音。读大自然这本书,了解小鸟的生活习性,感受父亲对鸟的爱。 4. 学会观察自然、了解自然、热爱自然、保护自然。	1. 认识25个生字,会写35个生字,正确读写"呈现、变幻、宁静、迅速、威武"等词语。 2. 正确、流利、有感情地朗读课文,品味语言,从字里行间感受大自然的美。积累文中的精彩语段。 3. 利用多媒体真实、直观地了解课文内容,学习作者从几个方面分别描述,把内容表述清楚的写作方法。 4. 收集有关自然奇观的其他资料,积累语文学习素材,丰富见闻,进一步感受大自然的美好与神奇,培养热爱大自然的思想感情。
	八	1. 认识41个生字,会写30个生字。正确读写新词。 2. 正确、流利、有感情地朗读课文。背诵《司马光》。了解文言文的特点。 3. 学会默读,读懂课文内容,认识救人英雄司马光和白求恩。 4. 学习写人叙事的方法。学习表现一个人品质的技巧。	1. 认识47个生字,会写25个生字,正确读写词语。 2. 正确、流利、有感情地朗读课文,了解课文的主要内容。 3. 复述故事,了解民间故事,关心故事中人物的命运和喜怒哀乐。 4. 组织有趣味的语文活动,在活动中学习语文,学会合作。

第三节　丰富课程予以成长的力量

我校"悦心语文"课程框架分为基础性课程和拓展性课程。基础性课程主要培养学生终身发展和适应未来社会所需的共同基础。拓展性课程主要满足学生的个性化学习需求，开发和培养学生的潜能和特长，培养学生的自我认知和自我选择能力。

一、学科课程结构

《义务教育语文课程标准（2022年版）》中指出："语文课程应引导学生热爱国家通用语言文字，在真实的语言运用情境中，通过积极的语言实践，积累语言经验，体会语言文字的特点和运用规律，培养语言文字的运用能力；同时，发展思维能力，提升思维品质，形成自觉的审美意识，培养高雅的审美情趣，积淀丰厚的文化底蕴，继承和弘扬中华优秀传统文化、革命文化、社会主义先进文化，增强对习近平新时代中国特色社会主义思想的理解和认识，全面提升核心素养。"[①]基于对课程标准的解读，我校语文学科课程分为"悦心识写、悦心阅读、悦心习作、悦心交际、悦心实践"五个维度。在教学中注重听说读写之间的有机联系，加强教学内容的整合，统筹安排教学活动，促进学生语文素养的整体提高。重视学生读书、写作、口语交际、搜集处理信息等语文实践，提倡多读多写，让学生在语文实践中学习语文，学会学习。善于通过专题学习等方式，沟通课堂内外，沟通听说读写，增加学生语文实践的机会。充分利用学校、家庭和社区等教育资源，开展综合性学习活动，拓宽学生的学习空间，以丰富课程予以学生成长的力量。其结构如下（见图1-1）：

---

① 中华人民共和国教育部.义务教育语文课程标准（2022年版）[S].北京：北京师范大学出版社，2022.1.

图 1-1 课程结构图

课程结构图的具体内涵如下：

(一) 悦心识写

汉字是世界上使用至今最为古老的文字，它承载着民族的文化。加强识字写字教学，能让学生学好母语，传承文化。本维度的内容为生字开花、字字珠玑、字有此理、说文解字、翰墨飘香、汉字骑兵等，旨在通过有趣的、灵活多变的课程，激发学生主动识字、写字的兴趣，提高识字写字的能力，充分感受成功的愉悦，从而热爱祖国的文字，增强文化认同感和民族自信心。

(二) 悦心阅读

课程内容为绘本悦读、童话王国、读书心语、名著荐读、诗词共赏、名著赏析等，旨在运用多种阅读方式，点燃学生对课外阅读的渴望。通过对阅读方法的指导，使学生会阅读、能阅读，从而拓宽视野，增加知识信息量，亲近母语，陶冶情操，提高学生的语文素养和综合素养，丰厚语文积累，促进学生智力的发展，为终身学习奠定基础。

(三) 悦心习作

课程内容为读写萌发、童诗飞扬、手写我心、诗文改写、绘本飘香、乐心连载等，"沟通课堂内外，沟通听说读写"，旨在通过以上课程，让学生愿写、会写、乐写，在运用语言文字进行表达和交流的过程中，认识世界、认识自我，让孩子们在写作文的过程中爱上文学创作。

(四) 悦心交际

课程内容为声临其境、今日说事、谈天说地、谈情说理、妙语连珠、百家讲坛等，旨在创设真实的情境，通过师生、生生互动交流，实践交际的本领，从而具备日常口语交际的基本能力，并初步学会运用口头语言文明地进行人际沟通和社会交流。

(五) 悦心实践

课程内容为学来乐用、用以促学、戏剧舞台、走读广州、多彩剧场、生活语文等，通过校内外的语文实践活动，改变学生学习的方式，促进学生养成合作、分享、积极进取等良好的个性品质和交往能力，培养学生搜集信息和处理信息的能力；提高发现问题、解决问题的能力，提升学生形成对自然、社会、自我的整体认识。

二、学科课程设置

语文课程致力于孩子们的全面发展和终身发展，全面提高孩子们的语文素养。除基础课程外，我校在"悦心语文"理念的引领下，结合年级学生特点，开发了30门课程。纵向来看，由浅及深地体现螺旋上升，横向来看，涵盖了各年级五个维度的学习，体现环环相扣。具体如下（见表1-2）：

表1-2 "悦心语文"课程设置表

年级	课程设置	悦心识写	悦心阅读	悦心习作	悦心交际	悦心实践
一年级	上学期	拼音王国	绘本悦读1	读写萌发1	故事大会	识百家姓
	下学期	生字开花	绘本悦读2	读写萌发2	声临其境	学来乐用

续 表

年级 \ 课程设置		悦心识写	悦心阅读	悦心习作	悦心交际	悦心实践
二年级	上学期	快乐字谜	童话王国1	童诗飞扬	今日说事1	用以促学
	下学期	字字珠玑	童话王国2	能说绘道	今日说事2	知书达理
三年级	上学期	学有所用	读书心语1	手写我心1	谈天说地	戏剧舞台1
	下学期	字有此理	读书心语2	手写我心2	谦谦君子	戏剧舞台2
四年级	上学期	说文解字1	名著荐读1	诗文改写1	谈情说理	走读广州1
	下学期	说文解字2	名著荐读2	诗文改写2	接力写作	走读广州2
五年级	上学期	硬笔生辉	诗词共赏1	绘本飘香	妙语连珠	多彩剧场
	下学期	翰墨飘香	诗词共赏2	天马行空	新闻联播	主持风采
六年级	上学期	汉字骑兵	名著赏析1	乐心连载1	百家讲坛1	生活语文
	下学期	字源寻根	名著赏析2	乐心连载2	百家讲坛2	诗词达人

三、学科课程内容

"悦心语文"课程群建设以课程目标的达成和核心素养的落实为出发点，具体的课程内容及目标如下（见表1-3）：

表1-3 "悦心语文"课程内容及目标设置表

年级	课程领域	课程名称	课程内容	课程目标
一年级	悦心识写	拼音王国	通过拼音小游戏掌握拼音的正确读法及规范写法。	消除学生对学习拼音的恐惧，激发学习拼音的兴趣。
		生字开花	懂得运用同音字、形近字等识字规律，掌握归类识字的方法，学会拓展运用。	喜欢学习汉字，有主动识字的愿望；掌握汉字的基本笔画，能按笔顺规则用硬笔写字，注意间架结构；写字姿势要正确，字要写得规范、端正、整洁，努力养成良好的写字习惯。

续 表

年级	课程领域	课程名称	课程内容	课程目标
	悦心阅读	绘本悦读	分享喜欢读的经典图书篇目及内容,提升阅读兴趣。	基于《语文课程标准》,培养学生阅读兴趣,形成良好的阅读习惯,在阅读中提高语言表达能力等综合素养;指导学生读懂绘本,掌握阅读绘本的基本方法,感受绘本的内涵。
	悦心习作	读写萌发	学会按顺序观察图画,并准确地写出观察到的内容,培养写话兴趣,学会使用标点符号。	对写话有兴趣,留心周围事物,写自己想说的话,写想象中的事物;在写话中乐于运用阅读和生活中学到的词语。
	悦心交际	故事大会	通过放动画片,讲故事或者师读故事书、生模仿着讲的方式,让学生能够更加绘声绘色地讲述故事。	让学生能够更加大胆地表现,掌握绘声绘色讲故事的技巧,能够主动把故事讲给爸爸、妈妈和身边的小伙伴听。
		声临其境	创设生活情境,选择贴近生活的话题,在具体的交际情境中锻炼学生的口语交际能力,让学生学会说话。	以学生的口语活动为中心,强调在具体、真实的情境中进行交流,指导学生在交际的过程中,掌握交际的方法,进行礼仪等方面的培训,使学生能自然、大方、得体地进行人际交往,培养学生的综合素养。
	悦心实践	识百家姓	念《百家姓》,唱《姓氏歌》。	了解中国姓氏的由来,对姓氏背后的历史故事产生兴趣。
		学来乐用	寻找并发掘生活中的语文元素,拓展学生的知识面,明白"生活处处有语文,处处留心皆学问"的道理。	拓宽学生的知识面,明白"生活处处有语文,处处留心皆学问"的道理。

续 表

年级	课程领域	课程名称	课程内容	课程目标
二年级	悦心识写	快乐字谜	读字谜,解字谜,编字谜。	了解经典字谜,总结猜字谜的方法;举办字谜班级赛;尝试编字谜。
		字字珠玑	懂得运用多种形象直观的教学方法和教学手段,帮助学生增加课外阅读量,掌握生字词的意思并学会拓展运用。	喜欢学习汉字,有主动识字的愿望。掌握汉字的基本笔画,能按笔顺规则用硬笔写字,注意间架结构。写字姿势要正确,字要写得规范、端正、整洁,努力养成良好的写字习惯。
	悦心阅读	童话王国	拓展课外阅读,由感兴趣的童话入手,推荐有趣的童话故事,了解童话的阅读方法。	基于《语文课程标准》,培养学生阅读兴趣,形成良好的阅读习惯,在阅读中提高语言表达能力等综合素养;指导学生读懂童话,掌握阅读童话的基本方法,感受童话的内涵。
	悦心习作	童诗飞扬	通过生活小场景、小故事、大自然中的事物等,激发各种想象,创写童诗。	对写话有兴趣,留心周围事物,写自己想说的话,写想象中的事物;在写话中乐于运用阅读和生活中学到的词语。
		能说绘道	绘图说话,创作连环画,学会有顺序、有条理的表达方法。	学会有顺序、有条理地进行表达的方法,将自己的写话自信地分享给伙伴们。
	悦心交际	今日说事	劝阻不文明行为,对具体情境如有借有还、问路指路、遵守交通、尊老爱幼、待人接物等进行交流。	以学生的口语活动为中心,强调在具体、真实的情境中进行交流,指导学生在交际的过程中,掌握交际的方法,进行礼仪等方面的培训,使学生能自然、大方、得体地进行人际交往,培养学生的综合素养。
	悦心实践	用以促学	进行树叶贴画、变废为宝、心灵手巧、手抄报、旅游美图等活动。	拓宽学生的知识面,明白"生活处处有语文,处处留心皆学问"的道理。

续 表

年级	课程领域	课程名称	课程内容	课程目标
三年级		知书达理	诵读《弟子规》《三字经》等经典著作,学习校园礼仪和家庭礼仪。	了解古代师生礼仪,从从古至今的名人事例中受到熏陶,自觉学习基本的礼仪。
	悦心识写	学有所用	把生字带入文中去理解,重点逐渐转为对词句、文章的理解。	对学习汉字有浓厚的兴趣,养成主动识字的习惯;有初步的独立识字能力;写字姿势正确,有良好的书写习惯。
		字有此理	学习汉字字源、汉字结构、造字原理。	了解汉字字源,了解字的演变过程,感知古人的智慧及世界观。
	悦心阅读	读书心语	小组分享阅读,以绘画、表演等形式展示,提升阅读兴趣。	基于《语文课程标准》,培养学生阅读兴趣,形成良好的阅读习惯,在阅读中提高语言表达能力等综合素养;积累课文中的优美词语、精彩句段。
	悦心习作	手写我心	每天每个小组的一位成员写一篇日记(内容、题材不限)并以家长评、老师评等多种形式进行点评。	观察周围世界,能不拘形式地表达自己的见闻、感受和想象,把自己觉得新奇有趣或印象最深、最受感动的内容写清楚;尝试在习作中运用自己平时积累的语言材料,特别是有新鲜感的词语;愿意与他人分享习作的快乐。
	悦心交际	谈天说地	创设生活情境,选择贴近生活的话题,在具体的交际情境中锻炼学生的口语交际能力。	以学生的口语活动为中心,强调在具体、真实的情境中进行交流,指导学生在交际的过程中,掌握交际的方法,进行礼仪等方面的培训,使学生能自然、大方、得体地进行人际交往,培养学生的综合素养。
		谦谦君子	学习古代礼仪,如衣冠礼仪、餐桌礼仪、节日礼仪等。	在创设的情境中,了解古代和当代社会礼仪,做一名谦谦君子。

续 表

年级	课程领域	课程名称	课程内容	课程目标
四年级	悦心实践	戏剧舞台	寻找并发掘生活中的语文元素,并通过表演的形式展现。	拓宽学生的知识面,明白"生活处处有语文,处处留心皆学问"的道理,并在表演中提升胆量与表现力。
	悦心识写	说文解字	了解汉字据形知义的特点,掌握象形字的形、义、音,掌握汉字的形体和意义。	掌握汉字的基本笔画,能按笔顺规则用硬笔写字,注意间架结构。写字姿势要正确,字要写得规范、端正、整洁,努力养成良好的写字习惯。
	悦心阅读	名著荐读	背诵《中华经典诵读本》上的经典文章。	诵读中华经典诗词、诗歌、散文,在校园内表演、传唱,传承优秀民族文化。
	悦心习作	诗文改写	在学习背诵经典的基础上,通过扩写、改写、续写等方式将诗文改写成现代文。	借助想象,抓关键语句,丰富诗文画面,用平日积累的语言进行描述,感受古代文人的独特视角与表达方式。
	悦心交际	谈情说理	从课内、课外两方面,通过阅读、积累、生活环境体验、与人交流交际等多种渠道,提高学生的口语交际能力。	以学生的口语活动为中心,强调在具体、真实的情景中进行交流,指导学生在交际的过程中,掌握交际的方法,进行礼仪方面的培训,使学生能自然、大方、得体地进行人际交往,培养学生的综合素养。
		接力写作	小组接力写作;故事续编。	对写作产生兴趣。合理地进行想象,掌握续写故事的方法,学习发挥自己的想象续编故事。
	悦心实践	走读广州	鼓励学生走出校园,投身社会实践,在各类丰富多彩的活动中增长见识,开阔视野,陶冶情操,提升素养。	拓宽学生的知识面,明白"生活处处有语文,处处留心皆学问"的道理。

续 表

年级	课程领域	课程名称	课程内容	课程目标
五年级	悦心识写	硬笔生辉	写好钢笔字、毛笔字。	掌握汉字的基本笔画,能按笔顺规则用硬笔写字,注意间架结构。写字姿势要正确,字要写得规范、端正、整洁,努力养成良好的写字习惯。
		翰墨飘香		
	悦心阅读	诗词共赏	欣赏中国古典诗词名篇,积累古诗词,学会吟诵,提升语文素养。	基于《语文课程标准》,培养学生的阅读兴趣,形成良好的阅读习惯,在阅读中提高语言表达能力等综合素养;诵读优秀诗文,注意通过语调、韵律、节奏等体味作品的内容和情感。
	悦心习作	绘本飘香	把绘画与习作结合起来,提高写作兴趣和习作能力。	观察周围世界,能不拘形式地表达自己的见闻、感受和想象,把自己觉得最受感动的内容通过绘画与文字结合的方式表达出来。
		天马行空		
	悦心交际	妙语连珠	好书推荐、阅读记录、分享交流。	以学生的口语活动为中心,强调在具体、真实的情景中进行交流,指导学生在交际的过程中,掌握交际的方法,进行礼仪等方面的培训,使学生能自然、大方、得体地进行人际交往,培养学生的综合素养。
		新闻联播	看《新闻联播》、南方少儿频道的《南方视窗》等节目,了解新闻时效性等特点,并尝试播报校园新闻。	知晓新闻的制作过程,了解新闻的特点,学写新闻稿,并进行校园新闻播报实操。
	悦心实践	多彩剧场	将部分课文改编成课本剧并进行表演,提升语文综合能力。	拓宽学生的知识面,明白"生活处处有语文,处处留心皆学问"的道理。
		主持风采	观看"主持人大赛"等有关主持的节目,了解主持人的语言特色,举办主持人大赛。	通过以赛练技,掌握主持稿的朗诵技巧及写作技法,逐渐练就稳健的台风及机智的应答。

续 表

年级	课程领域	课程名称	课程内容	课程目标
六年级	悦心识写	汉字骑兵	寻找汉字起源,解读汉字字理以及汉字故事,创新汉字字义的用法。	掌握汉字的基本笔画,能按笔顺规则用硬笔写字,注意间架结构。写字姿势要正确,字要写得规范、端正、整洁,努力养成良好的写字习惯。
		字源寻根	组成"字源寻根"小队,通过网络、书籍等多种途径,了解汉字的起源,分享汉字的故事。	在实践中,了解汉字起源,深入挖掘汉字背后的故事,从而激发探索博大精深的汉字的欲望。
	悦心阅读	名著赏析	阅读与教材有关的名著,品析人物、故事情节。	基于《语文课程标准》,培养学生阅读兴趣,形成良好的阅读习惯,在阅读中提高语言表达能力等综合素养;指导学生读懂名著,掌握名著阅读的基本方法,感受名著的魅力。
	悦心习作	乐心连载	沉淀生活,将观察与所感汇成连载小说,描写生活,记录人间百态。可以是系列作文、家庭作文。	观察周围世界,能不拘形式地表达自己的见闻、感受和想象,有所思考,思想有所承载,愿意与他人分享创作的快乐。
	悦心交际	百家讲坛	学生能根据自己的特长,选择一个内容,如历史、自然科学、生活常识等进行公开讲座。	以学生的口语活动为中心,鼓励学生大胆表达,分享所知,培养学生能自然、大方、得体地进行人际交往,培养学生的综合素养。
	悦心实践	生活语文	捕捉生活现象并有所发现,进行调查研究,发表自己的看法。	培养学生对生活的现象进行深入思考,在这个过程中,做到有目的、有方法、有计划地对调查资料进行由表及里、由此及彼的思维加工,达到活用语文的目的。

第四节　以开放的课程延展语文素养

《义务教育语文课程标准（2022年版）》中提出：义务教育语文课程围绕立德树人根本任务，充分发挥其独特的育人功能和奠基作用，以促进学生核心素养发展为目的，以识字与写字、阅读与鉴赏、表达与交流、梳理与探究等语文实践活动为主线，综合构建素养型课程目标体系；面向全体学生，突出基础性，使学生初步学会运用国家通用语言文字进行交流沟通，吸收古今中外优秀文化成果，提升思想文化修养，建立文化自信，德智体美劳得到全面发展。① 以学习实践活动为主线，以学习主题为引领，整合学习内容、情境、方法和资源等要素；鼓励学生自主、合作、探究学习；引领学生注重积累，勤于思考，乐于实践，敢于探究。我校语文教育以课堂教学为轴心，将学生的学校生活、家庭生活和社会生活有机结合起来，以开放课程延展学生的语文素养。

一、建构"悦心课堂"，提升语文课程品质

我校一直倡导语文课堂教学应站在学生的立场上，展现课堂教学的亲切、淳朴、趣味和实效。"悦心课堂"是指在宽松和谐的学习氛围中，激发学生的学习兴趣、好奇心、求知欲和进取精神，通过想象、质疑、发现、创新等多种方法让学生感悟语言文字的魅力，汲取精神成长的营养，同时获取知识，掌握祖国语言文字的一种课堂教学模式。

（一）"悦心课堂"的环节

《义务教育语文课程标准（2022年版）》中指出：义务教育语文课程实施从学生语文生活实际出发，创设丰富多样的学习情境，设计富有挑战性的学习任务，激发学生的好奇心、想象力、求知欲，促进学生自主、合作、探究学习。② 在构建"悦心课堂"中，要求教师深入研究文本，抓住"学习语言文字运用"这一核心去设计教学过程，建设符合

---

① 中华人民共和国教育部.义务教育语文课程标准（2022年版）[S].北京：北京师范大学出版社，2022：2.
② 中华人民共和国教育部.义务教育语文课程标准（2022年版）[S].北京：北京师范大学出版社，2022：3.

我校语文学科实际的"悦心课堂"。悦心语文课堂实施的基本思路是:学生为本,教师为主导,创设情境,培养情感,师生互动,生生互动,以情促智,情智互促,提高素质。我校语文课堂教学有"激趣导入"——"识字正音"——"读文品句"——"语用模仿"——"归纳提升"五个基本环节。

1. 激趣导入

教师依据教学内容,选择能够激发学生学习兴趣的方式导入课堂教学,如:创设情境、图片导入、故事导入、谜语导入等。学生在这样的方式下,能够被调动起最大的学习欲望,快速进入课堂学习中来。

2. 识字正音

为学生扫除字词障碍和理清文章脉络、感受文章中心思想提供保障,如:多音字、形近字、易错字、轻声等。教师指导学生运用多种方法识字、记字,并相机指导书写。

3. 读文品句

整体把握文章结构,理清文章脉络,概括主要内容,感受文章主旨,体会作者使用的表达方法。披情入境地朗读课文,赏析重点句段。

4. 语用模仿

学以致用,将作者的写作手法迁移,联系生活,进行模仿创作,如:在学习说明文的阅读与写作单元时,在学生对说明方法基本掌握的情况下,布置小练笔,介绍自己熟悉的某样东西。

5. 归纳提升

在完成新课学习之后,结合单元主题,在阅读和写作的方法上,加以归纳和提升,如:在小说阅读单元,引导学生读小说时,通过关注情节、环境等感受人物形象。写作故事时,注意故事围绕主要人物展开,把故事写完整,情节尽可能吸引人,关注人物的心理活动等。同时推荐学生进行同类型文章的对比阅读,提升学生阅读素养和语文能力。

(二)"悦心课堂"的评价

在"悦心课堂"中,教师坚持以生为本,通过发挥自己的主导作用,引导学生在宽松和谐的气氛中无拘束地、轻松愉快地去思考、学习,从而获取知识、掌握技能,得到"鱼";在互动、交流的学习情境中掌握学习的方法,收获"渔";学生在轻松、愉快、和谐的教学环境中快乐学习,感受到"愉"。故而,制定我校"悦心课堂"评价细则如下(见表1-4):

表1-4 "悦心课堂"评价表

类别	标准解读	分值	得分
课堂目标	符合课程标准要求,符合教材要求与学生实际,三个维度统一于教学过程中。	10分	
	目标准确、简明、清晰,可操作、可检测,体现工具性和人文性的统一。	10分	
课堂内容	条理清晰,重难点突出;结构合理,内容呈现与学科学习规律相符合。	10分	
	课堂内容与生活实践相结合,体现实践性和交际性。	10分	
	课堂立足语文学科素养,教学内容丰富宽阔,并能进行适当的拓展。	10分	
教学过程	教学环节用时恰当,教态自然亲切。	5分	
	能给予学生动脑、动口、动手的机会,营造师生、生生互动的课堂,让学生主动学习,快乐学习,合作、探究学习。组织教学活动时关注每个学生,尤其关注学困生。	10分	
	教师善于引导、鼓励学生质疑,学生在课堂中敢于质疑,并表现出一定的质疑能力。	5分	
教学方法	能够根据具体的学习内容,教会学生不同的学习方法。	10分	
	在学习过程中,教师能进行恰当的引导,学生能够自主进行探究学习,课堂有效生成。	10分	
	各个层次的学生能够有效进行合作探究学习。	10分	
合计:		100分	
建议:			

二、开发"悦心课程",丰富我校语文课程内容

"悦心课程"是我校"悦心语文"教学课程的主要内容,构成了教学进程的体系,除基础课程外,我校按照年级学生特点,分阶段设计了30门课程。纵向来看,由浅及深地体现螺旋上升,横向来看,涵盖了各年级的悦心识写、悦心阅读、悦心习作、悦心交

际、悦心实践这五个维度的内容,各个维度互相促进、渗透又环环相扣。

"悦心课程"旨在通过学科课程矩阵来确定课程与学校育人目标之间的相互联系,分析课程对育人目标的达成支持度,优化课程体系,通过聚焦目标、构建链条、组合搭配、整合优化四个步骤,构建学科课程群。

(一)"悦心课程"的建设路径

根据语文学科师资力量,教师在国家课程校本化实施的基础上总结经验,以语文学科为原点,设计语文学科特色"1+X"课程群。"1"是教师所教授的国家基础性课程,"X"是指教师根据国家课程开展的拓展性课程,是基础性课程的延伸。

1. 联系生活

生活处处皆语文,语文处处有生活。在课程学习及生活中,教师引导学生留心观察,深入思考生活与语文的联系,并在学习中进行反馈,互相促进。

2. 聚焦素养

学生在语文课程学习过程中,通过语言运用,获得直觉思维、形象思维、逻辑思维和创造思维能力的发展,以及思维的深刻性、敏捷性、灵活性、批判性和独创性等思维品质的提升。通过审美体验、评价等活动构建起审美意识、审美情趣与审美品位,以及在此过程中逐步掌握表现美、创造美的能力。

3. 活用资源

积极引入与语文课程相关的先进理念及成果,如与黄埔区语言艺术协会紧密合作,积极参加黄埔区各类语言艺术活动及演出,大力发展我校师生语言艺术的鉴赏、表达能力;活用我校语文学科组集体编撰的语言教材,如《晨读经典》《读经典 学习作》等;依托广州市经典诵读大赛,发展学生对语文经典的领悟和兴趣。

4. 环境育人

结合学校班级及校园文化氛围的营造,通过"古诗上墙""我是小诗人""翰墨书香书法展""阅读之星""十大小作家评选"等活动,激发学生学习语文的兴趣。从听、说、读、写、思等方面,多维度提升和促进学生的语文素养。

通过上述方式,我们构建了悦心语文课程群。悦心,是人的文化修养的最高表现形式,也是语文教学的灵魂。我们试图走进"悦心语文",走进"悦心课堂",探究语文的内涵本质。我们的语文不仅要把这种悦心弥漫到教学的课堂上,还要把它播撒进学生的心灵中,让悦心的精神融进学生的世界中。

(二)"悦心课程"评价要求

课程群建设通过建立评估体系来保障其有效实施,评价细则如下(见表1-5):

表1-5 "悦心课程"评价细则

A级指标	B级指标	评估标准	评估方式	权重	得分
课程哲学	课程哲学	课程哲学与学校教育哲学相一致。	查看课程方案	10%	
	课程理念	课程理念彰显学科课程特色,特色鲜明。		10%	
课程目标	课程总目标	总目标指向清晰,高于学科程标准,与核心素养相对应。	查看课程方案	10%	
	分年级目标	年级目标与学生年龄特点相符合,设定科学、可行,具有层次性。	查看语文课程方案、语文学科课程纲要	10%	
课程内容	整体设置	课程内容丰富,整体设置具有逻辑性,有梯度,有难度。与课程目标相一致,内容中暗含课程目标,并且与学生生活实际相结合。	查看语文学科课程纲要	10%	
	教材资源	教材准备充分,适合学生学习,资源丰盈,形式多样。	查看语文学科教材	5%	
课程实施	课时安排	课时安排合理,有一定的科学性。	查看语文学科课程纲要	5%	
	课堂教学	课程实施方法得当,措施有力,充分体现学生的主体地位,有利于学生兴趣的激发。组织有序,指导学生运用探究、合作等方法。	入班观课"行知课堂"评价表评价	20%	
	教学效果	在课程中学生的知识技能明显提高,学生喜爱程度高。		10%	
课程评价		评价内容具体,措施方法得当,权重明确	入班观课 查看学科课程纲要及学生学业评价档案	10%	

三、开展"悦心活动",浓郁语文课程氛围

《义务教育语文课程标准(2022年版)》中明确指出:以促进学生核心素养发展为目的,以识字与写字、阅读与鉴赏、表达与交流、梳理与探究等语文实践活动为主线,以学习主题为引领,鼓励孩子自主学习,合作探究,勇于实践。[1]"悦心活动"课程以学生的直接经验为主,通过学生的亲自实践,主动发现和获取有关的知识,并使技能、能力、情感、意志等得到训练和培养。主要价值在于让学生活动,获得对现实世界的直接经验和真实体验。与学科课程可以相互补充,相得益彰。

(一)"悦心活动"内容

1. 开展"悦心读书节"读书系列活动

"悦心读书节"是我校开发的丰富多彩的节日活动课程,节日的愉快喜庆感受与语言文字的学习融合起来,让学生在体验教育和实践活动中丰富感性积累,提升理性认知,搭建学习和研讨的平台,在交流中促使学生增强认识,增加能力,关注民俗风情,亲近传统文化,弘扬华夏文明。

活动内容有五个板块,第一个板块是"写一写":认真思考感受,并撰写读书笔记。第二个板块是"讲一讲":说说世界读书日的来历和意义。第三个板块是"读一读":走进微笑书吧,在温馨安静的环境里,享受阅读的快乐。第四个板块是"做一做":在这一天,走进书店,买一本自己喜爱的书,开始阅读(同学之间可以互赠图书,传递美好,传递和谐)。第五个板块是"评一评":根据学生的阅读量和质量评选"书香学生""书香家庭"并颁奖。

2. 与区语言艺术协会合作开展"经典诵读进校园"活动

邀请区语言艺术协会的语言艺术家进校授课,举办经典美文诵读比赛,通过层层选拔,优胜者在校内举办专场诵读大会。

3. 儿童文学大作家和小书虫见面会

邀请著名儿童文学诗人、作家来我校做讲座,与孩子们分享创作历程和心得,带领

---

[1] 中华人民共和国教育部. 义务教育语文课程标准(2022年版)[S]. 北京:北京师范大学出版社,2022.2.

孩子们走进诗意的儿童文学世界。

4. 群文阅读活动

结合教材的单元学习内容，开展有针对性的群文补充阅读活动。如五上第三单元的课文均为民间故事，教师可布置学生阅读中外民间故事书籍，讲民间故事，提升学生的阅读与鉴赏能力。

（二）"悦心活动"评价要求

"悦心活动"评价运用发展性评价方式，即依据每项活动方案中的目标，按照一定标准，运用一定方法，对教学过程和教学结果进行价值判断。评价要求注重过程，尊重多元，注意反思，其具体体现在关注学生获得结果和体验的过程，尊重个性的表达方式，反思自己的实践活动，自我改进。评价细则如下（见表1-6）：

表1-6 "悦心活动"评价表

评价项目	评价要点	分值	评价标准	得分
活动目标和内容	目标明确	5	符合学校育人目标，与学校课程目标相对应。	
	切合实际	5	贴近生活，贴近学生，能丰富学生的直接经验。	
	内容丰盈	5	引入多种信息，运用多种知识。	
	内容实用	5	容量适当，难易得当。	
活动方式方法	组织形式	5	组织形式符合学生的成长规律。	
	活动方法	5	方法得当，多法结合，以活动为主。	
	指导方法	5	指导适量，方法得当。	
活动过程	活动要素	18	活动方案详实，活动组织得力，具有安全性。	
	活动步骤	12	活动步骤详实，具有逻辑性，过程紧凑，张弛有度。	
活动效果	学生自主性	10	活动充分体现学生的自主性，学生参与整个活动的方案筹备、活动过程和活动评价各个环节。	
	学生能动性	15	学生参与面广，活动参与过程积极。	
	学生创造性	10	活动方法多样，有相应的活动成果。	

四、打造"悦心社团",发展语文学习兴趣

为了传承我校丰厚的文化底蕴,发展学生语文学习兴趣,丰富广大学生的课余生活,提高学生的文学素养,营造健康、高雅、多彩的校园文化,我校用心打造了"悦心社团"课程群,给广大学生提供展示自我风采和相互交流的空间以及创作的园地,使学生在学习中创作,在创作中交流,在交流中成长。"悦心社团"是多个社团课程的集群,它专注发展学生语文学习兴趣,努力拓展语言类艺术社团课程,课程内容多彩丰富,特色鲜明。

(一)"悦心社团"活动内容

1. 努力拓展语言艺术类课程

我校充分考虑学生年龄阶段的特点,充分尊重学生的个体差异,在调查学生兴趣需要的基础上,努力拓展语言类艺术社团,打造"悦心社团"。利用每周二下午第二节课时间,开展社团活动。目前我校开设的艺术类社团有语言艺术社团、主持人、绘本演说、吟唱社团、演讲与口才社团、戏剧社团、辩论社团,等等。各类语言社团营造了一个良好的语言艺术环境,不断提升学生的口头表达能力以及口语交际素养,促进学校语言文化教育活动的普及和提高,特色鲜明,学生的语言艺术素质得到充分提升。

2. 开展形式多样的社团展演活动

每学期举办多次社团展演活动,每次活动都不断推陈出新,让学生的朗诵、演讲、主持、吟唱等各项艺术才能得到充分发挥,融合经典文化、民族文化的特色文化氛围,教师与学生同台演出,从而使每一次的艺术展演活动都成了学校的盛大节日。

3. 积极参加各类艺术比赛

从全国小金钟大赛,到区经典美文诵读大赛,再到区小主持人大赛等,各项赛事都留下了我校师生的身影。在历年的参赛历程中,我们收获了许多奖项,也在不断的成长中全方位地展示了微笑教育艺术成果,提高了学生的修养和审美情操。

(二)"悦心社团"活动评价

悦心社团采用技能评价、积分制评价和展示性评价三种评价方式:

1. 技能评价

根据学生技能实际提高程度,随堂评价;根据课堂任务完成情况,总结性评价;分

层次的阶段性测试评价;年终性的技能评价,全年知识技能、心理素质、思想品德的综合评价。

2. 积分制评价

本课程采用水平分组,以小组合作形式进行积分制评价,学习过程中对本节课学习内容完成优秀的小组,每人加3分,良好的小组加2分,合格的小组加1分,不合格的小组为0分。

3. 展示性评价

在每个不同环节进行一次评选,通过学期末现场比赛,评选出"社团积极分子""优秀社团达人",并发放奖状和社团奖励工具。在比赛过程中,学生发现和学习别人的优点和特色,反思自身的缺点与不足,共同受益,共同进步。

综上所述,在"悦心语文"的引领下,我校教师坚持以生为本,通过发挥主导作用,引导学生在愉悦和谐的教学气氛中思考、学习,从而获取知识,掌握技能。同时,让学生在互动、交流的学习情境中掌握学习的方法,真正做到让学生在轻松、愉快、和谐的课堂环境中得到情感的熏陶;让教师的教学能力和专业素养在教学的过程中得以长进,丰富师生的心灵,构建他们的精神世界。

(撰稿人:郑超　陈琦敏　曾海清　史丽霞　黄嘉莉　曾方君　李纯)

第二章

悦智数学：在智趣共生中提升素养

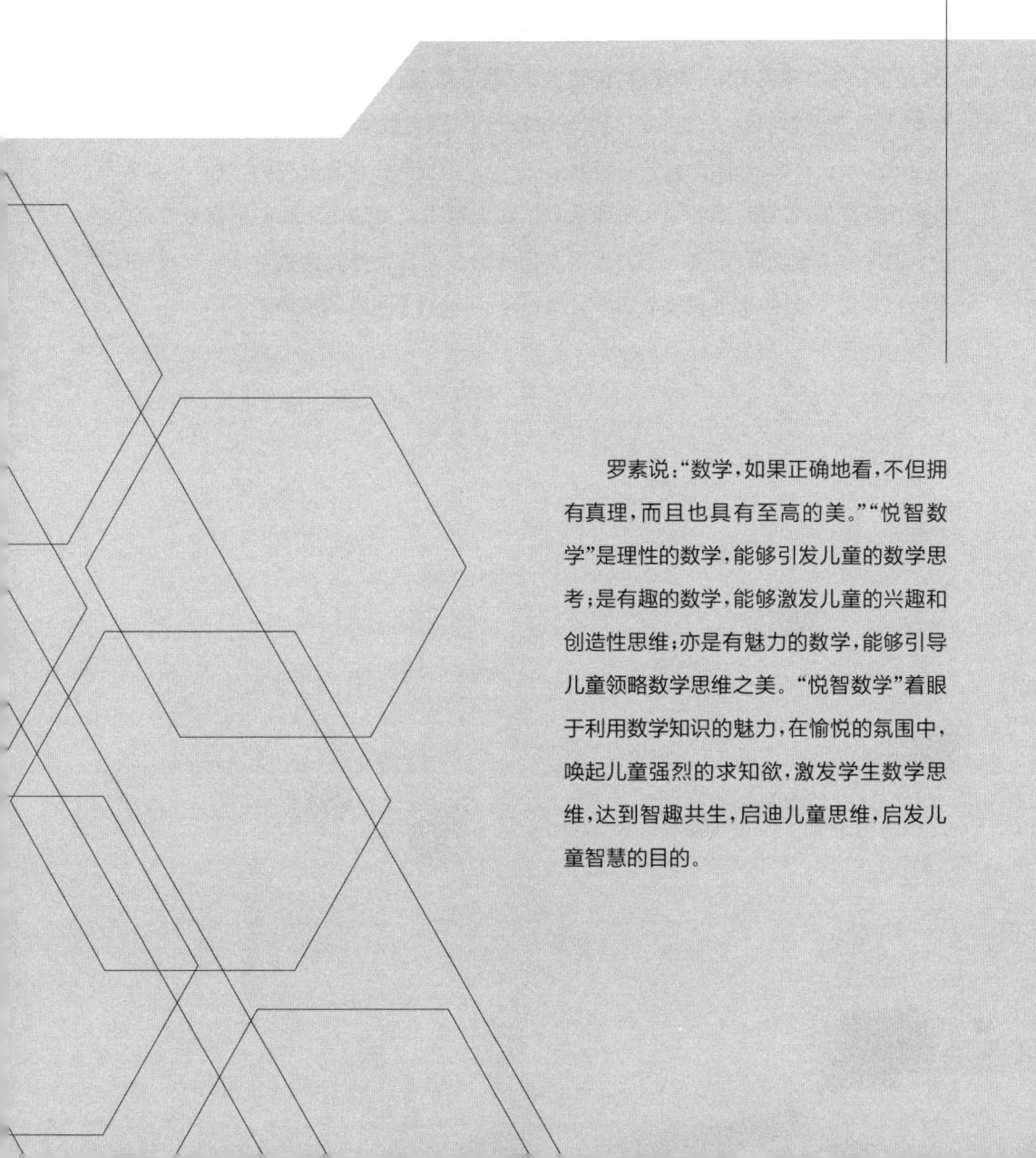

罗素说："数学，如果正确地看，不但拥有真理，而且也具有至高的美。""悦智数学"是理性的数学，能够引发儿童的数学思考；是有趣的数学，能够激发儿童的兴趣和创造性思维；亦是有魅力的数学，能够引导儿童领略数学思维之美。"悦智数学"着眼于利用数学知识的魅力，在愉悦的氛围中，唤起儿童强烈的求知欲，激发学生数学思维，达到智趣共生，启迪儿童思维，启发儿童智慧的目的。

为了全面推进我校数学学科新课程改革步伐,提高我校数学教育教学质量,着力于课程的建设,广州开发区第二小学数学组于2017年7月初步实现课程的体系化建设,经过长期的课程实践,构建起"悦智数学"教育体系。全体数学教师不断深化课堂改革,研究数学教学教法,在实践的过程中提出了"悦智数学"的学科课程理念,取得了一定的成果。目前,数学学科教研组共有29人。师资队伍优良,结构合理。科组教师多次在教育部、省、市、区各级优质课及基本功大赛中获得殊荣。我们依据教育部《关于全面深化课程改革 落实立德树人根本任务的意见》《义务教育数学课程标准(2022年版)》等文件精神,推进我校数学学科课程建设,取得了可喜的成绩。

第一节　进入智趣共生的数学世界

《义务教育数学课程标准(2022年版)》强调通过义务教育阶段的数学学习,学生逐步会用数学的眼光观察现实世界,会用数学的思维思考现实世界,会用数学的语言表达现实世界(简称"三会")[①]——要使学生既长知识,又长智慧,学生在掌握基础知识的同时,智力得到发展,能力得到提高。要遵循学生的认知规律,重视学生获取知识的思维过程,重视学生在课程学习中的精神愉悦体验。

一、学科价值观

数学是研究数量、结构、变化、空间以及信息等概念的一门学科,从某种角度看属于形式科学的一种。借用《数学简史》的话,数学就是研究集合上各种结构(关系)的科学,是一门抽象的学科,而严谨的过程是数学抽象的关键。

数学作为对于客观现象抽象概括而逐渐形成的科学语言与工具,不仅是自然科学和技术科学的基础,而且在人文科学与社会科学中发挥着越来越大的作用。数学与计算机技术的结合更是在许多方面直接为社会创造价值,推动着社会生产力的发展。

数学素养是现代社会每一个公民应该具备的基本素养。义务教育阶段的数学课程是培养公民素质的基础课程,具有基础性、普及性和发展性。苏霍姆林斯基曾强调:"一个人到学校里来上学,不仅是为了取得一份知识的行囊,而主要的还是为了变得更聪明。"那么如何才能使儿童更聪明呢？苏霍姆林斯基接着指出:"儿童主要的智慧努力不应当用到记忆上,而应当用到思考上去。数学是思维的体操,我们对儿童施与的更应该是智慧的教育。"

由此可知,数学课程促使儿童掌握必备的基础知识和基本技能；培养儿童的抽象思维和推理能力；培养儿童的创新意识和实践能力；促进儿童在情感、态度与价值观等

[①] 中华人民共和国教育部. 义务教育数学课程标准(2022年版)[S]. 北京:北京师范大学出版社,2022:5—6.

方面的发展,从而启迪儿童思维,启发儿童智慧。

二、学科课程理念

我校在长期的数学学科课程实施中,坚持提升、发展学生的数学素养,以兴趣为线索串起、启发数学学习的智慧发展,明确提出了"悦智数学"学科课程理念。"悦智数学"旨在追求"智从趣生,趣由智始,智趣共生"的境界,使儿童在智学、善思、乐享的学习过程中,提升数学素养,在智慧中聪颖,在快乐中成长,引领儿童进入智趣共生的数学世界。

我校数学课程秉持"悦智数学"的学科课程理念,融合数学核心素养,关心每个儿童,促进儿童主动地、生动活泼地发展,尊重教育规律和儿童身心发展规律,适应儿童个性发展的需要。在课程实施过程中,因材施教,倡导乐学,培养儿童学习兴趣,从而实现发展儿童个性特长的教育目标,逐步提升自己的数学素养。人人学习有价值的数学,人人都能获得必需的数学知识,不同的人在数学上得到不同的发展。

1. 数学重思辨,提高儿童思维的智慧

数学是一门充满辩证法的学科。苏联数学教育家奥加涅相指出:"真正完美的数学思维首先是辩证思维。"所谓辩证思维,就是用运动、联系、发展的观点去思考问题,用辩证法来揭示事物的本质。这种思维方法能帮助人更加深入地研究问题,是思维发展的高级阶段。在教学中,指导儿童运用辩证的思想探索、研究问题,有利于对儿童进行辩证唯物主义教育,提高辩证思维能力。

2. 数学渗情感,丰富儿童情感的智慧

儿童的发展应该是多领域的发展,包括知识、情感、人生观。数学课堂教学不单纯只是一个认知的过程,还是一种情感的过程。现代认知心理学认为,认知和情感是紧密联系的,作为非智力因素的情感在学习活动中主要起动力作用,承担着学习的定向、维持和调节等任务。儿童作为学习的主体,在学习过程中,情感因素作为非智力因素担负着对信息进行选择的任务,对有趣的有价值的信息进行筛选、分类,加以吸收。良好的数学教育以育人为本。悦智数学课程内容的安排着眼于为儿童的未来生活、工作和学习做好准备,不能脱离现实和后续学习必备的能力,努力做到学有所用。课程目标的达成不仅关注数学能力的培养,而且关注儿童的兴趣、情感、态度及价值观的培养。

3. 数学促思想，渗透方法的智慧

数学思想是人们对现实世界空间形式的数量关系在头脑中的意识反应，再经过思维活动而产生的结果，是对数学知识发生过程的提炼、抽象、概括和升华，是对数学规律的理性认识，并直接支配数学的实践活动。沈文选教授在《数学思想领悟》中指出："数学思想是数学科学的灵魂，是数学科学赖以发展的重要因素。纵观数学史，大凡有所成就的数学家，在数学思想方面都有良好的表现，他们既探索科学的成就，更重要的是给后人留下从事数学研究的思想。"

小学数学教学的根本任务是全面提高儿童素质，其中最重要的因素是思维素质，而数学思想方法就是增强儿童数学观念，形成良好思维素质的关键。悦智数学在儿童学习数学知识的过程中适时、科学、有效地渗透数学思想，真正对儿童以后的学习、生活和工作长期起作用，并使他们终身受益，为儿童的终身学习和发展奠定基础。

4. 数学重实用，追求实践的智慧

《义务教育数学课程标准（2022年版）》指出：数学不仅是运算和推理的工具，还是表达和交流的语言。数学是自然科学的重要基础，在社会科学中发挥着越来越重要的作用，数学的应用渗透到现代社会的各个方面，直接为社会创造价值，推动社会生产力的发展。[1] 从某个角度讲，就是要让儿童切实感受到数学在现实生活中的价值以及存在的重要性，进而培养儿童的应用意识。

"学以致用"是教育的最终目的。数学知识来源于实践，又服务于实践。悦智数学强调在数学教学过程中积极引导儿童运用数学知识解决实际问题，注重让儿童体会"数学知识来源于生活，又紧密联系于生活实际"。

5. 数学善创造，生长创新的智慧

在数学思维中最可贵的品质是创造性思维。创造性思维是创造力的核心。叶圣陶先生在《创造的儿童教育》中说："处处是创造之地，天天是创造之时，人人是创造之人。"悦智数学追求在"发现问题、提出问题、分析问题、解决问题"的递进过程中不断提

---

[1] 中华人民共和国教育部. 义务教育数学课程标准（2022年版）[S]. 北京：北京师范大学出版社，2022：1.

升儿童的数学素养,每一次问题的解决都是一次数学智慧的生长,也是数学学习的愉快体验,更是数学智慧的创新。

数学是人类文化的重要组成部分,文化是一个宽广的概念,数学文化丰富多彩,而数学文化的核心是理性的思维和创造的智慧。"悦智数学"旨在发挥数学在培养人的思维能力和创新能力方面不可替代的作用,追求的是数学教育以及儿童智慧的愉悦生长。

第二节　让数学浸润儿童的心灵

《义务教育数学课程标准(2022年版)》中指出：义务教育数学课程以习近平新时代中国特色社会主义思想为指导，落实立德树人根本任务，发展素质教育。① 义务教育数学课程应使学生通过数学的学习，形成和发展面向未来社会和个人发展所需要的核心素养。核心素养是在数学学习过程中逐渐形成和发展的，不同学段发展水平是制定课程目标的基本依据。

课程目标以学生发展为本，以核心素养为导向，进一步强调使学生获得数学基础知识、基本技能、基本思想和基本活动经验(简称"四基")的发展，发展运用数学知识与方法发现、提出、分析和解决问题的能力(简称"四能")，形成正确的情感、态度和价值观。

一、学科课程总体目标

数学是一切学科的基础，是支撑孩子学业发展的基石。在教学中落实课程标准目标，提高学生的数学核心素养是我们的使命和责任，对此，我们提出以下数学学科课程目标。

(一) 培养数感，形成良好的应用意识

数感是人的一种基本素养，是人主动自觉地理解和应用数的态度和意识。具有良好数感的人，对数的意义和运算有灵敏而强烈的感悟能力。数感本身是创造力在数学学习中的一种表现，培养数感有利于激发学生学习的积极性和把生活中的问题数学化。数感一方面反映了一个人的数学态度，另一方面也反映了这个人的数学素养水平。具备良好数感的人应该具有对数和数运算的敏锐感受力和适应性，能够有意识地用数学知识去观察、解释和表现客观事物的数量关系、数据特征和空间形式，并善于捕捉生活中诸多问题所包含的潜在的数学特征。所以应将生活与数学紧密相连，

---

① 中华人民共和国教育部.义务教育数学课程标准(2022年版)[S].北京:北京师范大学出版社，2022:1.

让学生深深感知到生活处处有数学,数学处处有生活,让学生感受到学习数学的必要性。

(二) 加强思维训练,形成数学探究能力

数学思维就是用数学思考问题和解决问题的思维活动形式,这是搭建数学世界最重要的根基。数学思考指的是建立数感、符号意识和空间观念,初步形成几何直观和运算能力,发展形象思维与抽象思维,体会统计方法的意义,发展数据分析观念,感受随机现象。学生在参与观察、实验、猜想、证明、综合实践等数学活动中,发展合情推理和演绎推理能力,体会数学的基本思想和思维方式。数学探究能力是数学素养中最核心的成分和最本质的特征,数学探究能力的提高是通过数学思维方法的训练来完成的。掌握了正确的思维方法,就如插上了一双翅膀,使孩子的数学探究能力得到迅速的发展和提高,从而大大提高孩子的知识水平和智力水平,增强学生的探究能力,激发他们学习数学的欲望。

(三) 注重实践活动,提高解决问题的能力

数学实践活动以解决某一实际的数学问题为目标,让学生在解决具体问题的过程中,在对数学本身的探究中理解、掌握和应用相关知识,主动地获取和直接体验数学知识。在这个过程中,悦智数学始终贯彻着尊重学生的兴趣、爱好和需要的基本原则,充分发挥学生主体性的思想,着力培养学生的探索精神、合作意识和实践能力,让学生在实践活动中自由舒展身心。

(四) 挖掘数学价值,培养学习的情感态度

数学,其独特的科学价值与文化价值对学生形成良好的数学情感态度具有潜在的陶冶作用,包括思想品德和情感体验两个方面。我们在数学学习中应对学生渗透数学学习目的、爱国主义、爱科学的教育。提高学生对数学、数学学习活动的兴趣和动机,包括好奇心、求知欲以及对数学学习活动中的主动参与等。在数学学习过程中,体验获得成功的乐趣,锻炼克服困难的意志,建立自信心。培养学习数学的态度和习惯,包括探索创新、独立思考、合作交流与实事求是的态度及习惯。

总之,我校将秉承"悦智数学"的理念,围绕以上四个课程目标,使学生在智学、善思、乐享的学习过程中发展学科核心素养。

二、学科课程年段目标

基于学生发展的生理、心理特征和学习数学的认知规律，依据我校"悦智数学"的学科课程理念，根据《义务教育数学课程标准(2022年版)》，我校设计了一至六年级的具体课程目标。这里以一年级为例(见表2-1)：

表2-1 "悦智数学"课程一年级目标表

学期 单元	一年级上学期	一年级下学期
第一单元	共同要求 1. 掌握数数的基本方法。 2. 掌握比较物体多少的基本方法。 3. 了解学生语言表达情况、倾听能力、常规习惯。 4. 逐步养成仔细观察、认真思考的良好习惯。 校本要求 1. 能从1数到10。 2. 能摆出1—10根小棒。 3. 能比较出10以内物体个数的多少。	共同要求 1. 使学生直观认识长方形、正方形、平行四边形、三角形和圆等平面图形，能够辨认和区分这些图形。 2. 通过拼、摆、画、折等活动，使学生直观感受所学平面图形的特征。 3. 通过观察、操作，使学生初步感受所学图形之间的关系。 4. 培养学生初步的观察能力、动手操作能力和语言表达能力，同时感受图形与日常生活的密切联系，并学会从数学的角度去观察周围的世界。 校本要求 1. 能利用七巧板和立体图形模具创造出美丽的图案和建筑物。 2. 培养学生初步的观察能力、动手操作能力和用数学交流的能力。 3. 使学生感受数学与实际生活的联系，培养学生在愉悦的氛围中学习，培养学生合作、探究和创新的意识。 4. 在操作活动中，培养学生良好的观察能力、思维能力和与他人合作的意识，并从中体会学习数学的快乐。

续 表

学期 单元	一年级上学期	一年级下学期
第二单元	共同要求 1. 通过直观演示和动手操作，使学生认识"上""下""前""后""左""右"的基本含义，初步感受它们的相对性。 2. 会用"上""下""前""后""左""右"描述物体的相对位置。 校本要求 1. 能说出自己前、后、左、右各是哪位同学。 2. 能看图讲故事，会用谁在谁的前面、谁在谁的后面、谁在谁的左面、谁在谁的右面，谁在谁的上面、谁在谁的下面来描述图中动物的相对位置。	共同要求 1. 学生能借助操作、画图等方式，理解20以内退位减法的算理，掌握20以内退位减法的基本方法，能熟练、准确地口算20以内的退位减法。 2. 使学生初步学会用加法和减法解决简单的实际问题。 3. 通过数学学习，使学生学会与他人合作与交流，体验数学与日常生活的密切联系，感受数学在日常生活中的作用。 校本要求 1. 培养学生的数感及与他人合作、交流的优良品质。 2. 渗透用多种方法解决问题的能力。 3. 体验数学与生活的密切联系，拥有探索学习的乐趣。 4. 培养学生热爱大自然的高尚情操。
第三单元	共同要求 1. 能正确认、读、写5以内各数。 2. 会用5以内各数表示物体的个数和顺序，会区分几个（基数含义）和第几个（序数含义）。掌握5以内数的组成。 3. 认识符号">""<""="及其含义，知道用词语（小于、大于、等于）来描述5以内数的大小。 4. 初步理解加减法含义，会口算5以内的加减法。 校本要求 1. 制作1至5的含实物的数字卡片。	共同要求 1. 使学生能够根据给定的标准或自己选定的标准进行分类，体验分类结果在单一标准下的一致性和不同标准下的多样性。 2. 使学生经历简单的数据整理过程，能够用自己的方式（文字、图画、表格等）呈现分类的结果。 3. 使学生能够对数据进行简单的分析，并能根据数据提出简单的问题。 校本要求 1. 培养学生动手操作能力、观察能力、语言表达能力和与他人合作的意识。 2. 让学生体会生活处处有数学，数学能应用于生活中。

续　表

学期＼单元	一年级上学期	一年级下学期
	2. 能运用5以内各数表示日常生活中的一些事物,初步建立数感。 3. 能运用数学表示生活中的事物并进行交流。 4. 培养学生认真观察、积极动手操作和认真书写的习惯。	3. 倡导学生进行垃圾分类,节约资源,共同保护我们的地球并养成分类整理的习惯和有条理的生活习惯。
第四单元	共同要求 1. 能辨认和区别长方体、正方体、圆柱和球等立体图形。 2. 认识立体图形的显著特征。 3. 能对生活中的实际物体进行分类。 4. 初步建立空间观念,感受数学与实际生活的联系。 校本要求 1. 通过看、摸、滚各种图形,直观感受各种图形的特征。 2. 能找出家中属于长方体、正方体、圆柱和球的物品。 3. 在愉悦的氛围中激发学生的学习兴趣,培养学生合作、探究和创新意识,初步建立空间观念。	共同要求 1. 能够正确地数出100以内的物体的个数,知道这些数是由几个十和几个一所组成,掌握100以内数的顺序,会比较100以内数的大小。 2. 知道个位和十位的意义,能够正确、熟练地读、写100以内的数。 3. 结合数的认识,使学生会计算整十数加一位数和相应的减法。 4. 结合具体事物,使学生感受100以内数的意义,会用100以内的数表示日常生活中的事物,并进行简单的估计和交流,逐步培养学生的数感。 校本要求 1. 能用数进行表达交流,培养学生对数的情感。 2. 培养学生观察、操作的能力以及同学间的交流与合作的能力。 3. 对学生进行爱护环境、珍惜资源的教育。
第五单元	共同要求 1. 会数、读、写6—10各数。会用这些数表示物体的个数或物的顺序和位置。	共同要求 1. 使学生认识人民币的单位有元、角、分,知道1元＝10角,1角＝10分。 2. 认识各种常用面值的人民币,了解各面

续 表

学期＼单元	一年级上学期	一年级下学期
	2. 掌握6—10各数的顺序,会比较它们的大小和各数的组成。 3. 进一步认识">""<""＝"的含义,会用这些符号表示数的大小。 4. 能熟练口算10以内的加减法。 5. 能熟练进行10以内的连加、连减和加减混合计算。 6. 能用10以内的加减法解决生活中的简单问题。 7. 能体验到学数学、用数学的乐趣。 **校本要求** 1. 让学生经历从日常生活中抽象出6—10各数的过程。 2. 能制作10以内的加减法、连加、连减和加减混合运算口算卡,并与同伴分享。 3. 使学生用10以内的加减法解决生活中的简单问题,初步感受数学与日常生活的密切联系,体验学数学用数学的乐趣。 4. 让学生在学习中感受到热爱家乡、热爱自然、保护环境、讲卫生等方面的教育,促进学生在情感、态度等方面的健康发展。 5. 培养学生的类推能力。	值人民币之间的关系,并会进行简单的计算。 3. 通过购物活动,使学生初步体会人民币在社会生活、商品交换中的作用,感受"元"是人民币单位中最常用的单位,初步了解简单的货币文化,并知道爱护人民币。 **校本要求** 1. 知道物品价格的表达形式,并会认读。 2. 对学生进行爱护人民币和节约用钱的教育。 3. 培养学生思维的灵活性和有序性。 4. 培养学生文明购物的意识。

续 表

学期 单元	一年级上学期	一年级下学期
第六单元	共同要求 1. 能认识11—20各数,并正确、有序地读写各数。 2. 认识个位和十位,初步认识十进制。 3. 了解加法和减法算式各部分的名称,能够计算简单的10加几和相应的减法,并初步感受其计算规律。 4. 能在解决"之间有几个"的问题中继续体验解决问题的过程。能用数数的方法解决简单的"之间有几个"的问题。 5. 能初步了解加法算式与减法算式之间的关系。 校本要求 1. 能初步认识"十位"和"个位";认识计数器,并能正确地书写11—20各数。 2. 培养学生的观察能力、动手操作能力、迁移类推能力和语言表达能力。 3. 培养学生良好的书写习惯。 4. 在动手操作的学习中感受数学学习的快乐,体验成功的愉悦。	共同要求 1. 借助小棒、计数器等直观学具的操作,使学生理解100以内加法和减法口算的算理,能口算100以内整十数加减整十数和两位数加减一位数和整十数的练习题。 2. 认识小括号,能口算含有小括号的两步加减混合运算。 3. 学会用已有的知识解决数目比较大的同数连加、连减同数的实际问题。 4. 通过数学学习,感受到100以内的加减法和20以内的加减法有着密切的联系,体会数学的价值。 校本要求 1. 培养学生用数学语言进行口头表达的能力。 2. 培养学生的数感和心算能力以及仔细审题的良好学习习惯。 3. 通过生活情境教学,使学生感受数学知识在生活中无处不在。激发学生探索未知知识的兴趣。 4. 通过计算培养学生思维的灵活性及逆向思维。
第七单元	共同要求 1. 会认、读、写钟面的整时。 2. 培养学生初步建立时间观念,从小养成珍惜和遵守时间的良好习惯。	共同要求 1. 通过观察、实验、猜测等活动,使学生发现图形或数字排列的简单规律,理解规律的含义,并能描述和表示规律,同时会根据发现的规律进行推理,确定后续图

续 表

学期 单元	一年级上学期	一年级下学期
	3. 培养学生的观察能力。 **校本要求** 1. 会认识钟面。 2. 能结合生活经验学会看整时。 3. 培养观察能力和动手操作能力。 4. 通过拨钟游戏，进行小组合作学习，体验与人合作交流的快乐。 5. 通过快乐的一天游戏活动，渗透珍惜时间的教育，引导学生合理安排自己的时间。理解并体会数学就在身边，对数学产生亲切感。	形或数字的排列方式。 2. 在发现规律、描述和表示规律以及简单应用规律的过程中，培养学生初步的观察能力、数学表征能力和推理能力。 3. 使学生感受规律在生活中的广泛应用，初步培养学生欣赏数学规律美的意识。 **校本要求** 1. 培养学生的动手操作能力、观察及推理能力。 2. 培养学生发现和欣赏数学美的意识。 3. 在数学活动中体会数学的价值，激发学生感受数学、体会数学就在身边，培养学生学习数学的兴趣。 4. 能根据所学知识，自行设计出有规律的图案或物品，用来装饰自己的房间。做到学以致用，激发创新意识。
第八单元	**共同要求** 1. 知道20以内进位加减法的基本方法，能熟练、准确地口算20以内的进位加法。 2. 学会用加法解决简单的实际问题。 3. 通过数学学习，体验数学与日常生活的密切联系，感受数学在日常生活中的作用。 **校本要求** 1. 能熟练运用"拆数凑十法"准确口算20以内进位加法。 2. 通过观察、操作、比较、分析和交流等活动培养与同伴合作的意识。 3. 积累解决简单实际问题的经验。	**共同要求** 1. 通过总复习，使学生全面回顾、梳理、总结所学内容，进一步巩固所学知识，提高计算能力以及运用所学知识解决简单实际问题的能力。 2. 通过总复习，使学生回顾学习过程中最有趣的事情，感受学习数学的乐趣，获得积极的情感体验，增强学习数学的兴趣。 3. 初步了解总复习的方法，初步感受复习的作用。 **校本要求** 1. 培养学生整理、归纳的能力，体验与同伴相互交流学习的乐趣。 2. 形成综合运用数学知识解决问题的能力。 3. 进行文明有序乘坐公交车的礼仪教育。

续 表

学期 单元	一年级上学期	一年级下学期
	4. 培养学生的合作意识和学习兴趣，使学生想学、乐学、会学。	
第九单元	共同要求 1. 通过总复习，使学生全面回顾并总结所学内容，以巩固本学期所获得的知识，进一步提高学生的计算能力，能运用所学的数学知识解决简单的实际问题。 2. 通过总复习使学生回顾学习过程中有趣的事，感受学习数学的乐趣，并在活动中进一步增强学习的兴趣。 3. 初步了解总复习的方法，初步感受复习的作用。 校本要求 1. 注重计算速度的提高，注重培养学生从多方面思考问题的能力。 2. 注重培养学生良好的思考问题的习惯。 3. 提高学生综合运用知识的能力。	

第三节　搭建框架激发学习热情

为完成上述课程目标,我校"悦智数学"面向全体儿童,着眼于培养、激发和发展儿童的兴趣爱好,开发儿童的潜能,课程框架分为基础性课程和拓展性课程。基础性课程主要培养学生终身发展和适应未来社会所需的共同基础。拓展性课程主要满足学生的个性化学习需求,开发和培养学生的潜能和特长,培养学生的自我认知和自我选择能力。

一、学科课程结构

《义务教育数学课程标准(2022年版)》将小学数学课程划分为"数与代数""图形与几何""统计与概率""综合与实践"四大板块。依据这四大板块,再结合小学生的年龄发展特点,"悦智数学"学科课程结构主要分为"悦智运算""悦智创意""悦智统筹""悦智探究"四大类别(见图2-1)。

图2-1　课程结构图

具体描述如下:

(一) 悦智运算

内容主要为数、数的运算及与其相关的数学趣味游戏等。开设的课程有"速算1+1""移动火柴棒""速算总动员""除除有余""巧算集中营""扑克牌游戏""数字谜题""24点速算""神奇的0.168"等。"数与代数"是小学数学基础课程的重要领域,开设与"数与代数"相关联的拓展课程,旨在建立儿童的数感,发展儿童的运算能力,激发儿童学习数学的兴趣,更有助于儿童理解运算的算理,寻求合理简洁的运算途径解决问题。

(二) 悦智创意

内容主要为拼搭图形、创造图形,以及设计创造空间模型。开设的课程有"谁的城堡最高最稳""妙拼七巧板""美丽的窗花"等。"图形与几何"是小学数学基础课程的重要领域,开设"图形与几何"相关联的拓展课程,注重发展儿童的空间观念,让学生经历拼搭图形的过程,体会图形之间的联系与变化,可以使他们在活动中提高动手操作的能力,发展初步的创新意识,感受图形之美。

(三) 悦智统筹

内容为数据的分类、收集、整理、分析,感受简单的随机事件及其结果发生的可能性有大有小。开设的课程有"房间整理小能手""出行方式""奇妙的搭配""持家小能手"等。"统计与概率"是小学数学基础课程的重要领域,开设"统计与概率"相关联的拓展课程,注重发展儿童的数据分析观念,让学生经历在实际问题中收集和处理数据、利用数据分析问题、获取信息的过程,掌握数据收集、整理和分析的方法,能对数据进行归类,体验数据中蕴涵的信息。

(四) 悦智探究

内容为创设生活情境,解决生活中真实存在的问题,开设的课程有"我的钟表我做主""年历大家做""环保小卫士""粒粒皆辛苦"等。"综合与实践"是小学数学基础课程的重要领域,开设"综合与实践"相关联的拓展课程,旨在培养儿童综合应用有关的知识与方法解决实际问题,培养儿童的问题意识、应用意识和创新意识,积累儿童的活动经验,提高儿童解决现实问题的能力。

二、学科课程设置

"悦智数学"以课程目标的达成和核心素养的落实为出发点，依据基础数学教材，我校"悦智数学"课程设置如下表所示（见表 2-2）：

表 2-2 "悦智数学"课程设置表

实施年级		悦智运算（数与代数领域）	悦智创意（图形与几何领域）	悦智统筹（统计与概率领域）	悦智探究（综合与实践领域）
一年级	上学期	速算 1+1	谁的城堡最高最稳	数学飞行棋	我的钟表我做主
	下学期	移动火柴棒	妙拼七巧板	房间整理小能手	环保小卫士
二年级	上学期	速算总动员	藏在身上的尺子	出行方式	数学小笑话
	下学期	除除有余	美丽的窗花	完善图书角	学具大家做
三年级	上学期	扑克牌游戏	巧数图形	集合问题	编程初探
	下学期	巧算集中营	教室有多大	奇妙的搭配	年历大家做
四年级	上学期	24 点速算	滑梯的秘密	持家小能手	粒粒皆辛苦
	下学期	数字谜题	探秘内角和	天气气象员	小小营养师
五年级	上学期	神奇的小数点	小小绿化师	谁是百万富翁	猜猜我在哪里
	下学期	数学趣题营	行走中的图形	环保监测员	质量监测员
六年级	上学期	数学百分百	完美的"圆"	我的 Part 我策划	地图绘制
	下学期	神奇的 0.168	小小设计师	抢凳子游戏	探寻拱桥秘密

三、学科课程内容

一切课程为了质量，"悦智数学"课程群建设以课程目标的达成和核心素养的落实为出发点，具体的课程内容如下表所示（见表 2-3）：

表2-3 "悦智数学"课程具体内容表

实施年级	课程内容
一年级	1.口算20以内的加法和20以内的不退位减法、100以内的加减法。2.搭建高而稳的城堡,体会各种几何立体图形的特征;用七巧板拼搭出多种图案。3.按照不同的分类标准,对垃圾进行分类,对自己的房间进行整理。
二年级	1.用乘法口诀计算表内乘除法和简单的有余数除法。2.运用折、剪、画的方式设计美丽的窗花图案,认识平移和旋转。3.调查小伙伴们出行的方式,初步学会调查方法;完善图书角,调查同学们最喜欢的图书,简单地记录数据。4.进行数学小笑话分享活动。5.动手制作学具。
三年级	1.口算一位数乘两位数,口算两三位数除以一位数,正确列竖式计算两三位数除以一位数的除法,并进行验算;竖式计算两位数乘两位数的乘法;结合具体情境进行估算,并解释估算的过程;计算同分母分数(分母小于10)的加减运算。2.测量、计算教室的面积,并对数据加以简单分析、估算。3.探索简单编程,体会数字的神奇和简便;制作活动日历。
四年级	1.计算三位数乘两位数的乘法,三位数除以两位数的除法,应用运算律进行一些简便运算;根据小数的意义进行单位换算;计算小数加减法、小数乘法、小数混合运算及应用运算律进行小数简便运算。2.实践活动:"滑梯的秘密、探秘内角和"。3.统计调查、收集和整理一周内家庭的开销,并根据构成成分中的数据分析问题;观察一周的天气气温情况,观察并记录每天的天气情况,绘制成折线统计图,获取数据变化情况的信息,进行简单的预测。
五年级	1.计算小数混合运算,计算分数加减法、分数乘除法及三步以内的混合运算,运用运算律进行一些简便运算。2.利用测量、面积、植树问题等知识,为学校操场铺草皮、美化绿化带。从平移、旋转和轴对称的角度欣赏生活中的图案,并从中发现规律,设计一幅几何图画。3.探索"中奖的概率性问题",小组合作开发设计一个"谁是百万富翁"的游戏规则。调查生活中的空气质量指数,制成不同城市之间对比的复式折线统计图,了解空气质量情况,分析并改进自己城市的空气质量,从而使空气更新、天空更蓝。
六年级	1.计算整数、小数、分数、百分数混合运算,运用运算律进行一些简便运算。2.认识圆的特征,体验圆在生活中的价值,并解决圆的周长、面积的相关实际问题;利用图形的形状、基本特征,设计和制作空间模型。3.结合实际问题情境,选择合适的统计图记录数据,经历数据的收集、整理和分析的过程,掌握一些简单的数据处理技能。4.运用数学知识自己绘制旅行地图;正确使用测量工具准确地进行测量,制定合适的比例尺。

第四节 丰富课程夯实数学素养

数学学习是一个生动活泼的、主动的且富有个性的过程。这就要求数学课程的实施要符合儿童的认知规律,贴近儿童的实际生活,才能有利于儿童体验与理解、思考与探索。课程内容的组织要重视过程,重视儿童获得的直接经验。动手实践、自主探索与合作交流是学习数学的重要方式,所以在课程实施中要为儿童创造足够的时间和空间去经历观察、猜测、实验、计算、推理、验证等活动过程。

为此,依据"悦智数学"的课程理念及数学的学科性质,为达到"悦智数学"的课程目标,我们的课程实施将从以下几个方面进行:构建悦智数学课堂,推进学科核心课程,开发悦智数学学科延伸课程,开设"悦智数学节",推进"悦智社团"的设立,推进兴趣爱好课程的开设,拓展数学活动课程等。

一、构建"悦智课堂",打造以儿童为中心的学习环境

我校一直遵循"会学、乐学、勤学"的学风和"爱生、敬业、创新"的教风,在长期的课堂教学实践中,慢慢形成我们独有的课堂教学形态。"悦智课堂"力图体现"尊重、温暖、快乐、成长"的课堂文化核心,坚守"悦智数学"的学科理念,兼顾"趣味性、主体性、参与度、发展性、创新性",让儿童在"数"中启迪思维,启发智慧,超越自我。

(一)"悦智课堂"的实践要求

构建"悦智课堂"需要营造轻松愉悦的学习环境,把更多的空间还给儿童,让每个儿童都有展示自我的机会,真正做到让儿童成为课堂的主人,让儿童在探索中享受验证猜想的过程。构建悦智课堂要求我们善于鼓励和表扬每一个儿童,设法解除儿童的思想包袱,让儿童敢于尝试,在积极互动中,打造精彩的动态氛围,只有这样,儿童的思维才能真正发散。

1. "悦智课堂"是活动的课堂

数学教学是数学活动的教学,是师生之间、儿童之间交往互动、共同发展的过程。应使儿童在获得间接经验的同时也能够有机会获得直接经验,要创设有助于儿童自主学习的问题情境,引导儿童通过思考、探索、交流,获得数学新知,不断提高儿童发现问

题、分析问题、解决问题的能力。

2. "悦智课堂"是智慧的课堂

我校追求的智慧课堂是以完善学生的人格成长,促进学生的智慧发展,提高学生的综合素质为目标的理想课堂。按照现代课程理念,智慧课堂要求在课堂教学中要注重让学生"感受过程,习得规律,发展智慧"。由此可见,对于智慧课堂的理解和把握,其实最根本的就是要抓住"智慧"和"课堂"两个方面:一是要抓住课堂这个出发点和落脚点,任何内容选择和环节设计都必须充分考虑到课堂这一载体的可能性、现实性和需要性;二是在此基础上,要充分发挥教师的教育智慧,在教与学的互动过程中通过创新方法来展示智慧教育。

(二)"悦智课堂"的评价要求

评价的主要目的是全面了解儿童数学学习的过程和结果,激励儿童学习和改进教师教学。评价应以课程目标和内容标准为依据,体现数学课程的基本理念,全面评价儿童在知识技能、数学思考、问题解决和学科情感等方面的表现。

评价不仅要关注儿童的学习结果,更要关注儿童在学习过程中的发展和变化。应采用多样化的评价方式,恰当呈现并合理利用评价结果,发挥评价的激励作用,保护学生的自尊心和自信心。通过评价得到的信息,可以了解儿童数学学习达到的水平和存在的问题,帮助教师进行总结与反思,调整和改进教学内容和教学过程。

1. 基础知识和基本技能的评价

对基础知识和基本技能的评价,应以课程标准的具体目标和要求为标准,考查儿童对基础知识和基本技能的理解和掌握程度,以及在学习基础知识与基本技能过程中的表现。在对儿童学习结果进行评价时,应该准确地把握"了解、理解、掌握、应用"不同层次的要求。在对儿童学习过程进行评价时,应依据"经历、体验、探索"不同层次要求,采取灵活多样的方法,定性与定量相结合,但以定性评价为主。

2. 数学思考和问题解决的评价

数学思考和问题解决的评价要依据课程目标和各年级段目标的要求,体现在整个数学学习过程中。对数学思考和问题解决的评价应当采用多种形式和方法,特别要重视在平时的教学过程和具体的问题情境中进行评价。

3. 学科情感的评价

学科情感的评价应依据课程目标的要求,采用适当的方法进行,主要方式有课堂观察、活动记录、课后访谈等。情感态度评价主要在平时的教学过程中进行,注重考查和记录儿童在不同阶段情感态度的状况和发生的变化。例如,可以制作下面的评价表,记录、整理和分析儿童参与数学活动的情况。这样的评价表每个学期至少记录一次,教师可以根据实际需要自行设计或调整评价的具体内容。

表2-4　参与数学活动情况的评价表

儿童姓名：　　　　　时间：　　　　　活动内容：

评价内容	主要表现
参与活动	
思考问题	
与他人合作	
表达与交流	

4. 学习过程的评价

儿童在数学学习过程中,知识技能、数学思考、问题解决和学科情感等方面的表现不是孤立的,这些方面的发展综合体现在数学学习过程之中。在评价儿童每一方面表现的同时,要注重对儿童学习过程的整体评价,分析儿童在不同阶段的发展变化。评价时应注意观察、记录和分析儿童在不同时期的学习表现和学业成就。

表2-5　课堂观察表

上课时间：　　　　　科目：　　　　　内容：

项目＼儿童	王涛	李明	陈虎				
课堂参与							
提出或回答问题							
合作与交流							

续　表

项目＼儿童	王涛	李明	陈虎			
课堂练习						
知识技能的掌握						
独立思考						
其他						

备注：记录时，可以用"优、良、一般"来表示。

5. 评价主体多元化和评价方式多样化

评价主体多元化是指教师、家长、同学及儿童本人都可以作为评价者，教学过程中可综合运用教师评价、家长评价、儿童相互评价、儿童自我评价等方式，对儿童的学习情况和教师的教学情况进行全面的考查。

例如，每一个学习单元结束时，教师可以要求儿童自我设计一个"学习小结"，用合适的形式（表、图、卡片、电子文本等）归纳学到的知识和方法、学习中的收获、遇到的问题等等。教师可以通过学习小结对儿童的学习情况进行评价，也可以组织儿童将自己的学习小结在班级展示交流，通过这种形式总结自己的进步，反思自己的不足，汲取他人值得借鉴的经验。条件允许时，可以请家长参与评价。

评价方式多样化体现在多种评价方法的运用，包括书面测验、口头测验、开放式问题、活动报告、课堂观察、课后访谈、课内外作业、成长记录等。在条件允许的情况下，也可以采用网上交流的方式进行评价。每种评价方式都具有各自的特点，教师应结合学习内容及儿童的学习特点，选择适当的评价方式。例如，可以通过课堂观察了解儿童的学习过程与学习态度，从作业中了解儿童基础知识与基本技能的掌握情况，从探究活动中了解儿童独立思考的习惯和合作交流的意识，从成长记录中了解儿童的发展变化。

6. 合理设计与实施书面测验评价

书面测验是考查儿童课程目标达成状况的重要方式，合理地设计和实施书面测验有助于全面考查儿童的数学学业成就，及时反馈教学成效，不断提高教学质量。

对于儿童基础知识和基本技能达成情况的评价，必须准确把握内容标准中的要求。例如，对于一元二次方程根与系数关系的考查，内容标准中的要求是"了解"，要求应用这个关系解决其他问题,设计测试题目时应符合这个要求。内容标准中的选学内容,不得列入考查(考试)范围。对基础知识和基本技能的考查,要注重考查儿童对其中所含的数学本质的理解,考查儿童能否在具体情境中合理应用。因此,在设计试题时,应淡化特殊的解题技巧,不出偏题怪题。

在设计试题时,教师应该关注并且体现内容标准的设计思路中提出的几个核心词:数感、符号意识、空间观念、几何直观、数据分析观念、运算能力、推理能力、模型思想以及应用意识和创新意识。

教师还可根据评价的目的合理地设计试题的类型,有效地发挥各种类型题目的功能,例如,为考查儿童从具体情境中获取信息的能力,可以设计阅读分析的问题;为考查儿童的探究能力,可以设计探索规律的问题;为考查儿童解决问题的能力,可以设计具有实际背景的问题;为了考查儿童的创造能力,可以设计开放性问题。

在书面测验中,积极探索可以考查儿童学习过程的试题,了解儿童的学习过程。

二、开发"悦智学科",推进学科延伸课程

根据数学学科师资力量,我们倡导教师在国家课程校本化实施的基础上总结经验,以数学学科为原点,努力建设"1+X"学科课程群。"1+X"即 1 个核心课程(国家课程体系)加若干延伸课程(生活中的数学、综合实践活动数学等)。

(一)"悦智学科"的建设路径

1. 利用拓展延伸,引领学生体验生活中的数学

生活即数学,人人都要学有价值的数学。有价值的数学应该与学生现实生活有密切的关系,是对他们有吸引力,能使他们产生兴趣的内容。比如在认识了长度单位厘米、分米、米以后,留给学生足够的时间和空间,让学生去测量周围事物的长度,如自己的书桌、身高、教室、黑板的长宽、父母的腰围等;在认识了元、角、分后,让学生课后模拟超市购物活动,既巩固了学生所学的知识,又加强了学生间的合作与交流;学习比的知识时,让学生在实际生活中搜集各种形式的比,并在课堂教学中使之成为有效的学习资料,帮助学生更好地理解数学中比的实际意义。

2. 利用拓展延伸,培养学生动手实践的能力

数学内容相对比较抽象,在有限的教学时空中,学生不可能都有机会动手实践,而

课外则有更多的时间与机会。在数学相关知识的学习后,教师如能及时设计实践性的拓展作业,将能很好地培养学生的动手实践能力。如教学《可能性的大小》,可以设计这样的实践题:自己做一个转盘,涂上红色、黄色和绿色,要使指针转动后偶尔落在绿色区域,而落在红色、黄色区域的次数差不多,应怎样涂色?先试着涂一涂,再转动若干次,看看结果怎样?这样的实践性作业可以使学生自觉地将数学知识运用于动手实践中,而且学生可以根据自己的想法进行富有个性的设计。

3. 利用拓展延伸,带领学生进入数学新时空

教师要利用拓展延伸,鼓励学生读一些数学课本以外的科普读物、数学网站文章等进行阅读思考活动,以引起思想共鸣和模仿实践,提高学生对数学的学习兴趣,引发学生的求知欲。教师可向学生提供好的课外读物,订阅一些数学刊物,如《小学生数学报》等,帮助和鼓励他们利用课外时间积极地阅读,使他们开阔知识视野,提高他们独立获取知识的能力。教师还可以让学生写数学日记,数学日记是学生在日常生活中运用数学知识解决实际问题的真实写照。学生通过随笔或日记的方式,能够加深对数学知识的理解,密切数学与现实生活的联系,提高学以致用的能力。通过数学日记,学生、家长、教师之间得到了很好的互动,孩子们也能把平时不敢说的话在日记中表达出来,彼此之间更多了一份了解。除此之外,还可开展数学小调查活动,让学生进行社会实践,促进学生的学习兴趣,提升学生的活动能力,扩展学生的视野。

(二)"悦智学科"的评价要求

1. 拓展延伸活动的内容要适量

拓展延伸活动的内容太少,作用不大,太多又会喧宾夺主。合适的量度需要根据教学目标和所教学生认知需要确定。每项活动都要有明确的目标,拓展延伸活动是为达成教学目标服务的,过量的拓展延伸活动会无端增加学生学习负担,减弱学习兴趣。

2. 拓展延伸活动的内容难度要适当

拓展延伸一定要根据数学学科特点、学生的年龄特征、认知特点及知识经验,不要因拓展延伸需要而忽略学生的认识理解程度。这需要教师根据教学目标,分析各种教辅资料,多角度、多层面地删选与补充有价值的资料,更好地帮助学生构建良好的认知结构。

3. 拓展延伸活动的内容不能忽视教材体系

很多教师在进行教学设计时,往往对教学拓展延伸进行了预设,尤其在新课学习

环节。但部分教师仅从教的角度考虑问题,为了完成预设的教学流程,忽视学生的主体参与,忽视学生的主动探究,更忽视教材体系。每节数学课都有学习主题,根据学生的学习基础与相关的知识经验,教师总会制定课时教学目标。但很多教师的教学拓展延伸活动忽视了教学重点,偏离了学习主题,游离了教材,有点喧宾夺主,成了无效劳动。拓展延伸活动的内容要充分树立教材观,从整个小学数学教学内容整体分析,有目的、有层次、系统地培养学生学习数学的方法,培养学生对于数学的探究和合作交流的能力。

三、开设"悦智数学节",开拓数学视野

通过丰富多彩的校园数学节活动,搭建数学文化平台,展示数学文化魅力,在生动、活泼的数学活动中,让数学脱离枯燥,让数学焕发光彩。数学节的设立,既继承和发扬了传统教育的优势,也顺应了教改的要求,丰富了课本内容,为教学活动拓宽视野,是素质教育的具体体现。让儿童从繁重的题海战役中解脱出来,投身到丰富多彩、兴趣盎然的活动实践中去,在实践中学习,在学习中探索和创新,在学习与实践中不断成长,从而把儿童培养成德、智、体、美、劳全面发展和具有开拓、进取和创新精神的人才,正是我们教育的目的所在。

(一)"悦智数学节"的活动架构

"悦智数学节"以"数学故事演讲""我是小小设计师""数学智力擂台赛""数学小论文"等活动为载体,给儿童提供一个多途径、多方法、多角度了解数学的舞台,让儿童充分感受数学的魅力,享受数学学习的乐趣,让儿童体验"学数学,其乐无穷;用数学,无处不在;爱数学,受益终身",让大家感悟数学之美,用数学眼光观察世界,用数学思维认识世界。引导儿童在活动中感受数学与生活的自然融合,体验数学的文化魅力,让儿童在活动中锻炼思维,在挑战中享受快乐。

(二)"悦智数学节"的活动评价

每个学期利用一个月时间开展数学节活动,每个比赛项目设立不同奖项。通过开展数学节活动,弘扬数学文化,激发儿童学数学的兴趣,引导学生爱上数学,让儿童感受到生活中处处有数学,学会用数学的眼光去关心社会,去获取和发现新的知识,培养儿童的观察力、空间想象力、动手操作能力及创造能力。开展数学节活动,有利于促进

教师思考课改过程中如何开展数学教学与活动,如何提高课堂教学的有效性,如何培养儿童的数学素养及能力,促进儿童自主展示数学才能。

四、拓展"悦智活动",激发数学学习兴趣

《义务教育数学课程标准(2022年版)》指出:有效的教学活动是学生学和教师教的统一,学生是学习的主体,教师是学习的组织者、引导者与合作者。[①] 学生的学习应是一个主动的过程,认真听讲、独立思考、动手实践、自主探索、合作交流等是学习数学的重要方式。教学活动应注重启发式,激发学生学习兴趣,引发学生积极思考,鼓励学生质疑问难,引导学生在真实情境中发现问题和提出问题,利用观察、猜测、实验、计算、推理、验证、数据分析、直观想象等方法分析问题和解决问题;促进学生理解和掌握数学的基础知识和基本技能,体会和运用数学的思想与方法,获得数学的基本活动经验;培养学生良好的学习习惯,形成积极的情感、态度和价值观,逐步形成核心素养。

(一)"悦智活动"的基本类型

1. 数学竞赛

通过数学竞赛,提高儿童分析问题和解决问题的能力、归纳推理的逻辑思维能力和探索实践的创新能力,进一步拓展儿童的数学知识面,使儿童在竞赛中体会到学习数学的成功喜悦,激发儿童学习数学的兴趣;同时,通过竞赛了解小学数学教学中存在的问题和薄弱环节,为今后的数学教学收集一些参考依据。具体目的如下:提高儿童的计算、速算等数学基本能力,为学好数学打下坚实的基础。构建良好的数学校园文化氛围,在全校掀起爱数学、学数学、用数学的热潮。通过活动,强化儿童的数学应用意识,提高儿童的数学应用能力,体验数学学习的乐趣。

2. 数学手抄报评比

通过搜集有关的数学知识(比如,数学家的故事、数学文化、数学小笑话、数学趣题妙解、数学名人名句、数学名题、脑筋急转弯学习、数学中发生的故事,等等),进行手抄报评比活动,让儿童充分感受数学的魅力,营造儿童学数学、爱数学,用数学的浓厚氛

---

① 中华人民共和国教育部. 义务教育数学课程标准(2022年版)[S].北京:北京师范大学出版社,2022:3.

围,扩大数学知识面,丰富儿童数学知识,开阔其数学视野。

(二)"悦智活动"的评价要求

(1)强调对儿童探究能力、实践与综合应用能力的评价。重点评价儿童"学"数学、"做"数学、"用"数学的兴趣、技能及思维逻辑能力。注意考查儿童是否善于思考、勤于提问,是否能自己"创造性"地学数学、用数学,是否能在教师指导下从日常生活中发现问题,提出问题,并能运用所学知识,选择合适的方法解决问题,以及独立完成作业的情况。

(2)注重对儿童情感、态度、价值观的评价。关注儿童学习数学的兴趣是否浓厚;学习动机是否强烈;是否乐于合作、交流,愿意采纳别人意见;是否大胆提问,勇于创新。

五、建设"悦智社团",发散数学思维

为了进一步夯实数学课程开展的成效,我校以数学社团为平台,精心设计、开展了多种社团活动,引领学生走进神奇的数学海洋,培养学生的思维能力,丰富学生的第二课堂,从而拓宽学生的知识面,让学生意识到学习数学的乐趣,激发他们的求知欲和创造性。

(一)"悦智社团"的基本类型

一年级:巧拼七巧板

七巧板是一种智力游戏,顾名思义,七巧板是由七块板组成的。由于等积变换,所以这七块板可拼成许多图形(千种以上),例如:三角形、四边形、不规则多边形、各种人物、形象、动物,等等,如果配合两副或以上的七巧板,甚至可以做出一幅画。通常,用七巧板拼摆出的图形应当由全部的七块板组成,且板与板之间要有连接,如点的连接、线的连接或点与线的连接;可以一个人玩,也可以几个人同时玩。

二年级:巧移火柴

通过摆数字、摆算式的过程,可以发展个人的数感;通过操作活动,可以促使动口、动脑、动手,发展思维能力;通过移、摆活动,培养学习兴趣,提高综合运用的能力;同时还可以培养与他人合作交流的能力。移火柴棒寓知识、技巧于游戏之中,启迪智慧,开阔思路,丰富孩子们的课余生活,提高学生学习数学的兴趣。

三、四年级:数独

数独是一种源自18世纪末的瑞士,后在美国发展,并在日本得以发扬光大的数字智力拼图游戏。拼图是九宫格(即3格宽×3格高)的正方形状,每一格又细分为一个九宫格。在每一个小九宫格中,分别填上1至9的数字,让整个大九宫格每一列、每一行的数字都不重复。数独的玩法逻辑简单,数字排列方式千变万化,它虽然与数学关系不大,但可以训练逻辑思维能力,所以玩数独是一项锻炼脑力的游戏。

五、六年级:玩转魔方

魔方(Rubik's Cube),又叫魔术方块,也称鲁比克方块。它是由匈牙利布达佩斯建筑学院厄尔诺·鲁比克教授在1974年发明的。它是一种锻炼人的逻辑思维能力的益智类玩具,有简单的也有复杂的。但还原魔方是有公式的,需要用这些公式来进行拼凑。魔方是由富于弹性的硬塑料制成的6面正方体。核心是一个轴,并由26个小正方体组成。包括中心方块6个,固定不动,只有一面有颜色。边角方块(角块)8个,3面有色,可转动。边缘方块(棱块)12个,2面有色,亦可转动。玩法是将打乱的立方体通过转动尽快恢复成六面成单一颜色。

(二)"悦智社团"的评价要求

建设"悦智社团"的目的,一是培养儿童学习数学的兴趣。通过各种活动,比如动手操作、实地考察、亲自测量等,提高儿童的兴趣,让儿童真正体会数学来源于生活,变被动学习为主动学习。二是扩展儿童的知识面。通过社团活动输入更多相关知识,让儿童在汲取数学知识的同时丰富其他各科的功底,拓展知识面。三是增加实践的机会,"悦智社团"不仅有理论学习,而且还设置了实践活动,给儿童动手的机会,使他们认识到数学并不仅仅只能用在"无聊"的计算上,而更多的是"从生活中来,到生活中去",使他们意识到学习数学的好处,增加他们的学习兴趣。

对数学"悦智社团"兴趣小组活动课的考核应体现在参与性、动手性、完成情况以及完成的优劣等方面。多方面的考核可以让儿童了解活动课的重要性,从而使活动课成为提高儿童整体素质的重要学科课程组成部分。具体考核方式包括:(1)出勤情况;(2)活动情况;(3)活动的准备、进行以及作业的完成情况;(4)组织纪律与团队协作精神;(5)活动的最终成果情况;(6)活动报告的完成情况;(7)成绩可分为优、良、及格和不及格四等。

综上所述,在"悦智数学"的引领下,我校教师坚持以生为本,积极引导学生在愉悦和谐的教学气氛中思考、学习,从而获取知识、掌握技能,让学生在互动、交流的学习情境和活动中掌握学习的方法,使学生学会用数学的眼光看世界,用数学的思维思考世界,用数学的语言表达世界。

(撰稿人:方静蓉　丘文梅　林晓玲　曾雪媛　朱秀云　戴翠兰　徐佳琪)

第三章
缤纷英语：用神奇的字母了解多彩世界

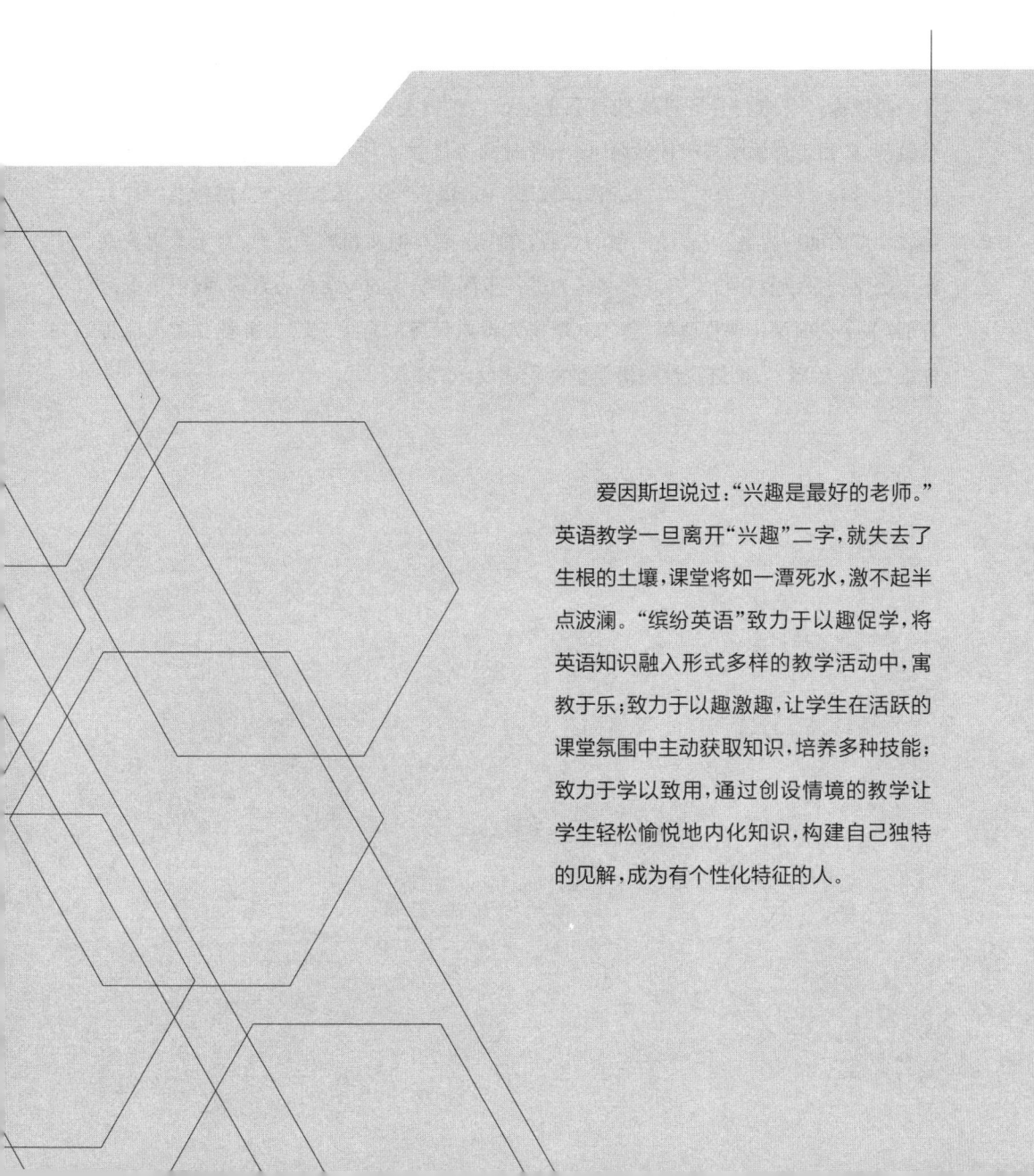

爱因斯坦说过："兴趣是最好的老师。"英语教学一旦离开"兴趣"二字，就失去了生根的土壤，课堂将如一潭死水，激不起半点波澜。"缤纷英语"致力于以趣促学，将英语知识融入形式多样的教学活动中，寓教于乐；致力于以趣激趣，让学生在活跃的课堂氛围中主动获取知识，培养多种技能；致力于学以致用，通过创设情境的教学让学生轻松愉悦地内化知识，构建自己独特的见解，成为有个性化特征的人。

广州开发区第二小学从一年级起开设英语课程,学科组由10位英语专业教师组成,平均年龄30岁,均为英语专业毕业,8人具有本科学历,1人具备高级职称,6人具备一级职称,1人通过在职进修获得硕士学位。我校英语组人才济济,有广州市小学名教师、广州市英语学科十佳教师、区十佳教师等优秀人才。英语组的教师们始终坚持把教学和科研结合起来,以"科研"促教学,先后进行"多媒体教学""口语教学""任务型教学""活动型教学"等多项课题的实践,并积极撰写论文和教学反思,有十余篇论文在市级以上报纸及刊物发表或获奖。为进一步深化学生的英语核心素养,我们依据教育部《关于全面深化课程改革 落实立德树人根本任务的意见》及《义务教育英语课程标准(2022年版)》,推进我校英语学科课程建设,效果喜人。

第一节　用英语打开学生了解世界的窗户

英语是当今世界上主要的国际通用语言。《义务教育英语课程标准(2022年版)》提出,我们建立的课程体系以培养学生的核心素养为目标,根据语言学习的规律和义务教育阶段学生的发展需求,语言能力、文化意识、思维品质、学习能力四个方面相辅相成,引导学生形成有效的学习策略和一定的文化意识,培养积极向上的情感态度和价值观。

一、学科性质和价值观

《义务教育英语课程标准(2022年版)》对英语学科的性质做了如下界定,义务教育英语课程体现工具性和人文性的统一,具有基础性、实践性和综合性特征。学习和运用英语有助于学生了解不同文化,比较文化异同,汲取文化精华,逐步形成跨文化沟通与交流的意识和能力,学会客观、理性看待世界,树立国际视野,涵养家国情怀,坚定文化自信,形成正确的世界观、人生观和价值观,为学生终身学习、适应未来社会发展奠定基础。[①]

学习英语有利于学生更好地了解世界,学习先进科学文化知识,传播中国文化,增进与各国青少年的沟通与理解。有利于形成开放、包容的性格,发展跨文化交流的意识与能力。为未来参与知识创新和科技创新储备能力,为未来更好地适应世界的多极化、经济的全球化和社会的信息化奠定基础。

二、学科课程理念

根据《义务教育英语课程标准(2022年版)》的文件精神,基于英语学科的特点,我校英语组经过反复研讨,合力制定出了具有二小特色的"缤纷英语"的课程理念,以趣

---

① 中华人民共和国教育部.义务教育英语课程标准(2022年版)[S].北京:北京师范大学出版社,2022:1.

激趣,使学生在情境创设中轻松愉悦地内化知识,帮助每个学生构建自己独到的见解,从而成为有个性特征的人。缤纷英语意味着我们的英语课程丰富多彩,不仅符合各年段学生的年龄特征,也能满足他们的表现欲。"缤纷英语"的英文是 Colourful English,它的形式是多样的(Diversiform),课堂是有趣的(Funny),教师是富有朝气的(Youthful),孩子是创新的(Innovative)。作为本课程的课程理念,这四个词的诠释如下:

(一) 多样的(Diversiform)

缤纷英语课程包含了丰富多彩的课程形式,如趣味配音、课本剧、小小演说家等。形式多样的课程,旨在培养孩子听、说、读、写、演等方面的能力,让他们在不同的领域展示自己,获得新知。

(二) 有趣的(Funny)

学习兴趣是孩子学习的内部动机,是推动孩子探求内部真理与获取能力的一种强烈欲望,它在学习活动中起着十分重要的作用。教学实践表明,教学中的乐趣是激发孩子兴趣最好的催化剂。孩子如果对英语课堂充满好奇心,对学习有自信心,那么他们总是主动积极、心情愉快地进行学习。因此,在英语课堂教学中,我们要时刻注意发掘教材蕴藏的智力因素,审时度势,把握时机,因势利导地为孩子创造良好的教学情境,激发孩子的兴趣,让孩子在学习英语中愉快地探索。通过开讲生趣、授中激趣、设疑引趣、练中有趣、课尾留趣及评中增趣六个环节使他们在学习探索中,变无趣为有趣,变有趣为兴趣,变兴趣为乐趣。

(三) 富有朝气的(Youthful)

教师们的上课状态深深影响着孩子们,只有一群富有朝气的教师才能营造出朝气蓬勃的课堂氛围,同时培养出更加富有朝气的孩子。英语课堂需要更多的欢声笑语、更多的情境游戏去减少语言学习的单调乏味。通过学习探究、体验、评价等环节,孩子能培养自信,敢于用英文交流,他们神采奕奕的模样就是英语课堂中最闪亮的星。

(四) 创新的(Innovative)

在英语课堂教学中要发展学生个性,培养求异思维。教师要注意引导和鼓励孩子打破思维定势,敢于"say No",从而让孩子多侧面多角度思考问题,鼓励孩子用自己独到的见解来回答老师的问题。课堂气氛要自由宽松,这样有利于孩子主动参与,更好地发挥孩子的个性和主体性,使孩子积极主动地探究知识,创造性地运用知识,培养孩子的开拓精神与创新意识,逐步培养其求异创新能力。如一篇文章教完之后可以在黑板上出现几个关键词(key words)让孩子自己去编一些内容,这样会使孩子相互启发、相互交流,从而以创新意识来灵活运用语言知识。让孩子凭自己的能力与摸索解决新问题,掌握新知识。在此过程中,孩子的创新实践能力也得以提高,孩子学习的动机也在这一过程中得以增强。

总之,"缤纷英语"课程要求教师以身作则,做一位充满朝气的教师,营造愉悦、轻松的课堂氛围,培养自信的孩子。在课堂中,努力发掘孩子思维,培养孩子的创新意识,使他们敢说敢做,拥有自己独到的见解,而不是人云亦云,盲目跟风。同时,教师要平等对待每个孩子,使他们有相等的发言权、体验权及评价权。师生在快乐课堂的构建中,一起探寻知识的奥秘,寻求愉快教育的本真。让师生在快乐课堂上自由翱翔,幸福成长。

第二节　学英语促进学生综合素质的提升

《义务教育英语课程标准(2022年版)》中制定的课程总目标是:通过课程学习逐步形成适应个人终身发展和社会发展需要的正确价值观、必备品格和关键能力。英语课程要培养的学生核心素养包括语言能力、文化意识、思维品质和学习能力等方面。语言能力是核心素养的基础要素,文化意识体现核心素养的价值取向,思维品质反映核心素养的心智特征,学习能力是核心素养发展的关键要素。核心素养的四个方面相互渗透,融合互动,协同发展。①

基于提升孩子综合语言运用能力的要求,我校英语学科组以生为本,以提升孩子的语言交际能力和发展孩子的思维能力为指导思想,创设"缤纷英语"课程群,来全面提高孩子的综合语言运用能力。

一、学科课程总体目标

《义务教育英语课程标准(2022年版)》中提出课程总体目标包含了发展语言能力、培养文化意识、提升思维品质、提高学习能力四个方面。发展语言能力是综合语言运用能力的基础;提升思维品质是促进孩子主动学习和持续发展的保证;提高学习能力是提高学习效率和发展自主学习能力的重要因素,培养文化意识则是正确理解语言和使用语言的保证。这四个方面相辅相成,共同促进核心素养的形成与发展。

(一)发展语言能力

1. 语言知识

在小学义务教育阶段,孩子应该学习和掌握的英语语言基础知识包括语音、词汇、语法、功能以及话题等五方面的内容。语言知识是语言运用能力的重要组成部分,是发展语言技能的重要基础。孩子应达到:

(1)语音:正确读出26个英文字母,了解简单的拼读规律,了解单词和句子有重

---

① 中华人民共和国教育部. 义务教育英语课程标准(2022年版)[S]. 北京:北京师范大学出版社,2022:4.

音、连读、语调、节奏和停顿等现象。

（2）词汇：知道单词是由字母构成的，要根据单词的音、义、形来学习词汇，并能初步运用400个左右的单词表达二级规定的相应话题。

（3）语法：理解包括名词单复数、人称代词和形容词性物主代词、四种基本时态与表示时间、地点和位置的常用介词，以及简单句的基本形式等语法项目的功能，并能在特定语境中运用。

（4）功能：了解运用表示问候、告别、感谢、邀请、致歉、介绍、喜好、建议、祝愿、情感、请求等交际功能的基本表达形式。

（5）话题：理解和表达有关个人情况、家庭与朋友、身体与健康、学校与日常生活、文体生活、节假日、饮食、季节与天气、动物、颜色等相关内容。

2. 语言技能

语言技能是语言运用能力的重要组成部分，主要包括听、说、读、写等方面的技能以及这些技能的综合运用能力。听和读是理解的技能，说和写是表达的技能，它们相辅相成，相互促进。孩子应达到：

（1）听做：能根据听到的词语识别或指认图片或实物，能听懂课堂简短的指令并能做出相应的反应，能在图片和动作的提示下听懂简单的小故事并做出反应。

（2）说唱：能根据录音模仿说英语，会简单的问候用语；能相互交流简单的个人信息，表达简单的情感和感觉；能够根据表演猜测意思、说词语，学会唱15首左右的英语儿童歌谣；能根据图、文说出单词或短句。

（3）玩演：能在教师的指导下用英语做游戏，并在游戏中用英语进行简单交际，能分角色表演简单的英语短剧。

（4）读写：能正确书写字母、单词，能看图识字，会认读词语，能在图片的帮助下读懂简单的小故事，能模仿范例写句子，并在书写过程中正确地使用大小写字母和常用的标点符号。

（5）视听：能看懂语言简单的英语动画片或程度相当的英语教学节目。

（二）提升思维品质

保持学习者积极的学习态度是英语学习成功的关键。教师应在教学中不断激发和强化孩子的学习兴趣，并在语言学习中发展思维，推进语言学习。孩子应达到：

（1）积极：在英语学习中，能够体会到英语学习的乐趣。乐于感知并积极尝试使用英语,积极参与各种课堂学习活动。在小组活动中能与其他同学积极配合和合作。

(2) 自信:敢于开口,表达中不怕出错。遇到困难时能大胆求助,接触外国文化,增强祖国意识。

(3) 思维:多角度观察和认识世界、看待事物,有理有据、有条理地表达观点。

(三) 提高学习能力

学习能力是指孩子为了有效地学习和使用英语而采取的各种行动和步骤,以及指导这些行动和步骤的信念。孩子应达到:

(1) 认知:积极与他人合作,共同完成学习任务。遇到问题主动向老师或者同学请教。

(2) 调控:会制订简单的英语学习计划,对所学内容能主动复习和归纳。在词语与相应事物之间能建立联想。在学习中集中注意力,会交流,会倾听,会思考。

(3) 交际:积极运用所学英语进行表达和交流。

(4) 资源:尝试阅读英语故事及其他英语课外读物,注意观察生活或媒体中使用的简单英语,并能初步使用英语工具书学习英语。

(四) 培养文化意识

语言有丰富的文化内涵。在学习英语的过程中,接触和了解英语国家文化有益于对英语的理解和使用。孩子应达到:

(1) 交际:知道英语中最简单的称谓语、问候语和告别语,并能对一般的赞扬、请求等做出适当的反应。

(2) 常识:知道国际上最重要的文娱和体育活动,英语国家中最常见的饮料和食品的名词,主要英语国家的首都和国旗;了解世界上主要国家的重要标志物,比如英国的大本钟等,以及英语国家中重要的节假日。

(3) 差异:了解一些日常交际中的中外文化差异。

二、学科课程年段目标

基于学生的年龄特征与认知规律,以部编教材为基础,依据我校"缤纷英语"课程群的学科课程理念,我们以多样化为主和趣味性、创新性为辅协同发展的编写理念模型,确立我校系统而持续渐进的英语课程体系目标,来逐步实现对英语综合运用能力培养的总目标。根据《义务教育英语课程标准(2022年版)》,我校设计一至六年级具体课程目标。这里以四年级为例(见表3-1):

表3-1 "缤纷英语"课程四年级目标表

学期 单元	四年级上学期	四年级下学期
Module 1	共同要求 1. 能在听、说、读、写的语言活动中理解和运用下列单词和词组：child、draw、bedroom、next、next to、window、door、computer、pink、flower、map、between、wall、for、minute、close、right、wrong、now、open、clock、floor、sofa。 2. 能在听、说、读、写的语言活动中理解和运用下列句型： (1) There is/are ... in/on/next to ... (2) Is/Are there ... in/on/next to ...? (3) ... is/are in/on next to ... 3. 能用英语描述物品的位置和房间的摆设。 4. 知道字母 a 及组合 sh、a-e、ar、ay 在单词中的发音,能拼读含有这些字母或字母组合的单音节词。 校本要求 1. 能根据自身实际情况,围绕本单元话题,与同伴进行交流。 2. 能就该话题下的某一情境进行口头和书面描述。 3. 能掌握介词的意义和用法。 4. 能初步理解 there be"存在"句型的意义和用法。	共同要求 1. 能在听、说、读、写的语言活动中,理解和运用关于人物和职业的单词和词组。 2. 能在听、说、读、写的语言活动中,理解和运用描述人物外貌的句型。 ◆ Who's the woman/man with/in ... ◆ He is .../She is ... ◆ He/She looks ... ◆ He/She looks like ... ◆ What is ... like? 3. 能用英语描述人物的外貌特征。 4. 能用英语描述人物的职业。 5. 知道字母 c 以及字母组合 ck、ai、ay、as、au、aw、air 在单词中的发音;能拼读含有这些字母或字母组合的单音节词。 校本要求 1. 能根据自身实际情况,围绕本单元话题,与同伴进行交流。 2. 能就该话题下的某一情境进行口头和书面描述。 3. 能掌握代词 one 的用法,介词 with 和 in 的用法。

续 表

学期＼单元	四年级上学期	四年级下学期
Module 2	共同要求 1. 能在听、说、读、写的语言活动中理解和运用下列单词和词组：welcome（to）、house、come、come in、living room、love、wow、study、large、kitchen、beautiful、garden、toilet、building、flat、school、after、after school、live、bathroom、shower、take a shower、meal、have meals、watch、read、do、homework、do one's homework、grow、Here it is。 2. 能在听、说、读、写的语言活动中理解和运用下列句型： （1）"I ... in the ..."，如："I play with my friends in the garden."。 （2）"I like to ..."，如："I like to play computer games there."。 3. 能在听、说、读、写的语言活动中理解和运用下列日常交际用语： （1）Welcome to ... （2）Please come in. （3）Here it is. （4）I love ... 4. 能描述房子的居室和不同居室的常见活动，如："There is a big living room in my house." "My house has a big living room. I watch TV and do my homework in the living room."。 5. 能在交际中表达欣赏和赞美，如："The living room is nice. I love the big TV."。 6. 知道字母和字母组合 ch、e-e、e、ee、ea 在单词中的常见发音，并能认读含有这些字母或字母组合的单词。 校本要求 1. 能根据自身实际情况，围绕本单元话题，与同伴进行交流。 2. 能就该话题下的某一情境进行口头和书面描述。 3. 能谈论日常的家居活动，以及活动的场所。	共同要求 1. 能在听、说、读、写的语言活动中，理解和运用与日常活动和时间表达有关的单词和词组。 2. 能在听、说、读、写的语言活动中理解和运用下列句型： ◆ What time is it? ◆ It's ... ◆ It's time for/to ... ◆ What time do you usually ...? ◆ When do you ...? ◆ I usually have breakfast/have class at ... 3. 能用英语询问和讲述时间。 4. 能用英语询问和描述何时做何事。 5. 知道字母 g、ge 以及字母组合 ea、ey、er、ew、ear、ere 在单词中的发音；能拼读含有这些字母或字母组合的单音节词。 校本要求 1. 能根据自身实际情况，围绕本单元话题，与同伴进行交流。 2. 能就该话题下的某一情境进行口头和书面描述。 3. 能掌握多种时间表达用法。

续　表

学期＼单元	四年级上学期	四年级下学期
Module 3	共同要求 1. 能在听、说、读、写的语言活动中理解和运用下列单词：our、classroom、library、pool、swimming pool、opposite、playground、sometimes、PE、music、lesson、have lessons、teachers' room、work、at、dining hall、gym、eat、or、tree、eleven、twelve、thirteen、fifteen、eighteen、twenty、thirty、forty、fifty、eighty。 2. 能在听、说、读、写的语言活动中理解和运用下列句型： （1）"We ... in the ..."，如："We have PE lessons in the playground."。 （2）let 引导的祈使句，如："Let me show you our new school. Let's play music here."。 （3）"How many ... are there ...?"，如："How many classrooms are there in your school?"。 （4）用 or 表示选择，如："Is your classroom big or small?"。 3. 能描述学校建筑物的位置，如："The classroom building is over there, next to the library."。 4. 能描述学校内的常见活动，如："We have computer lessons in the computer room. We eat in the dining hall."。 5. 能询问和表述学校设备数量，如："— How many computers are there in your school? — There are 88 computers in our school."。 6. 知道字母和字母组合 l、ll、i-e、i、ir、igh 在单词中的常见发音，并能认读含有这些字母或字母组合的单词。 校本要求 1. 能根据自身实际情况，围绕本单元话题，与同伴进行交流。 2. 能就该话题下的某一情境进行口头和书面描述。 3. 能谈论学校活动以及活动的场所。	共同要求 1. 能在听、说、读、写的语言活动中，理解和运用与星期和活动有关的单词和词组。 2. 能在听、说、读、写的语言活动中理解和运用下列句型： ◆ What day is it today? It's Monday/ Tuesday ... ◆ Why do you like ...? ◆ My favorite day is ... ◆ What do you usually do on Sunday? I ... 3. 能用英语问答，"今天是星期几"，并就这个话题进行简单会话。 4. 能用英语介绍自己一周7天的情况，表达自己最喜欢或不喜欢哪一天，并说出理由。 5. 知道字母 i 及字母组合 tr、dr、nk、ind、wr 在单词中的发音；能拼读含有这些字母或字母组合的单音节词。 校本要求 1. 能根据自身实际情况，围绕本单元话题，与同伴进行交流。 2. 能就该话题下的某一情境进行口头和书面描述。 3. 能掌握疑问词 why 和 what 的用法。

续 表

学期 单元	四年级上学期	四年级下学期
Module 4	共同要求 1. 能在听、说、读、写的语言活动中理解和运用下列单词和词组：class、blackboard、star、does、each、group、see、winner、Chinese、maths、subject、favourite、best、write、story、about、everything、learn、number、sing、song、sport、science、understand、world。 2. 能在听、说、读、写的语言活动中理解和运用下列句型： ◆ How many . . . do you have? ◆ — What's your favourite . . . ? — My favourite . . . is . . . ◆ I like . . . best. 3. 能在听、说、读、写的语言活动中理解和运用下列日常交际用语： ◆ Let me see. ◆ What about you? ◆ And you? ◆ Great! 4. 知道字母和字母组合 c、o-e、o、or、oa、ow、ou 在单词中的常见发音，能拼读含有这些字母或字母组合的单词。 5. 能从数量方面描述自己的班级。 6. 能讲述自己最喜欢的科目并给出理由。 校本要求 1. 能根据自身实际情况，围绕本单元话题，与同伴进行交流。 2. 能就该话题下的某一情境进行口头和书面描述。 3. 能掌握"整十"的数词。 4. 能描述喜欢的科目及简单的班级活动。	共同要求 1. 能在听、说、读、写的语言活动中理解和运用较为丰富的与活动相关单词和词组。 2. 能在听、说、读、写的语言活动中理解和运用下列句型： ◆ What do you do when you have free time? ◆ Shall we do . . . ? ◆ What are you doing? I'm doing . . . ◆ Me too. 3. 能用英语描述自己在空闲时间常做的事情。 4. 能用英语描述自己或他人正在做的事，并就正在做的事进行提问；初步感知理解现在进行时态。 5. 知道字母 o 及字母组合 ou、oo、oy、old、oor 在单词中的发音，能拼读含有这些字母或字母组合的单词。 校本要求 1. 能根据自身实际情况，围绕本单元话题，与同伴进行交流。 2. 能就该话题下的某一情境进行口头和书面描述。 3. 能掌握现在进行时态的意义和基本用法。

续 表

学期 单元	四年级上学期	四年级下学期
Module 5	共同要求 1. 能在听、说、读、写的语言活动中理解和运用下列单词和词组：T-shirt、clothes、blouse、much、very much、how much、hundred、yuan、too、expensive、will、won't = will not、take、cap、jacket、coat、shirt、dress、skirt、grey、sweater、help、shoe、pair、a pair of、I'll、them、jeans、anything、else、all、sock、trousers、shorts。 2. 能在听、说、读、写的语言活动中理解和运用下列购物用语： ◆ — Can I help you? 　— Yes, please. ◆ I want to buy . . . ◆ I want . . . ◆ — How much is/are . . . ? ◆ — It's/ They're . . . ◆ I'll take it/them/ . . . ◆ That's too expensive. I won't take it/them. ◆ — Do you want anything else? 　— No, thanks. ◆ Here you are. 3. 知道字母和字母组合 wh、u-e、u、ur 在单词中的常见发音，能拼读含有这些字母或字母组合的单词。 4. 能用英语进行购物会话。 校本要求 1. 能根据自身实际情况，围绕本单元话题，与同伴进行交流。 2. 能就该话题下的某一情境进行口头和书面描述。 3. 能掌握3位数字的英语表达方法。 4. 能在交流、书写中准确使用名词的单复数形式。	共同要求 1. 能在听、说、读、写的语言活动中，理解和运用与运动相关的单词和词组。 2. 能在听、说、读、写的语言活动中理解和运用下列句型： ◆ What are they doing? ◆ They/Some（of）are doing . . . ◆ What's your favorite sport? My favorite sport is . . . ◆ What do you like doing? ◆ Do you like . . . best? ◆ I like . . . best. 3. 能谈论正在进行的活动，尤其是体育活动。 4. 能叙述自己喜欢的运动并说明理由。 5. 知道字母 u 和字母组合 ph、uy 在单词中的常见发音，能拼读含有这些字母或字母组合的符合发音规则的单词。 校本要求 1. 能根据自身实际情况，围绕本单元话题，与同伴进行交流。 2. 能就该话题下的某一情境进行口头和书面描述。 3. 能掌握现在进行时态的意义和基本用法，以及现在进行时疑问句的构成。 4. 能准确分辨和使用不同人称、不同格、不同词性的人称代词或物主代词。

续 表

学期 单元	四年级上学期	四年级下学期
Module 6	共同要求 1. 能在听、说、读、写的语言活动中理解和运用下列单词和词组：occupation、when、grow up、be good at、painter、sick、nurse、cook、food、builder、build、doctor、policeman、reporter、news、job、factory、worker、like、his、writer、tell、story、her、driver、drive、woman、women、farmer、man、men、make、machine。 2. 能在听、说、读、写的语言活动中理解和运用下列句型： ◆ — What do you want to be when you grow up? 　— I want to be a ... ◆ I like to ... /I want to ... ◆ — What's ... 's job? 　— He's/ She's a/an ... ◆ Do you want to ...? 3. 知道字母和字母 j、th、ng 在单词中的常见发音以及字母 y 在单音节词尾的读音，能读出含有这些字母或字母组合的单词。 4. 能询问他人的职业或理想。 5. 能表达自己想从事的职业以及理由。 校本要求 1. 能根据自身实际情况，围绕本单元话题，与同伴进行交流。 2. 能就该话题下的某一情境进行口头和书面描述。 3. 能基本分辨和使用不同人称、不同格、不同词性的人称代词或物主代词。 4. 能描述自己或某人擅长做的事。	共同要求 1. 能在听、说、读、写的语言活动中理解和运用月份、节日，以及与活动有关的单词和词组。 2. 能说出自己的生日月份。 3. 能简单描述生日活动。 4. 知道春节、教师节、儿童节、妇女节、圣诞节、万圣节等常见节日所在的月份，能简单描述这些节日的庆祝活动。 5. 知道字母 y 和字母组合 qu, ts, ds 在单词中的常见发音，能拼读含有这些字母或字母组合的符合发音规则的单词。 校本要求 1. 能根据自身实际情况，围绕本单元话题，与同伴进行交流。 2. 能就该话题下的某一情境进行口头和书面描述。 3. 能准确掌握所有月份单词，知道常见节日的准确日期，并能描述其节日活动。

第三节　缤纷课程丰富学习内容

为了实现上述课程目标,我校在建构"缤纷英语"课程群时,一方面从学生的年龄特点出发,一方面基于教材内容,以"阶梯状"的形式系统开设了一到六年级共24门知识性与趣味性相结合的课程。

一、学科课程结构

《义务教育英语课程标准(2022年版)》指出:基础教育阶段英语课程的总体目标是培养学生的核心素养。核心素养的形成建立在语言能力、文化意识、思维品质和学习能力等方面。语言能力是核心素养的基础要素,文化意识体现核心素养的价值取向,思维品质反映核心素养的心智特征,学习能力是核心素养发展的关键要素。[①]

基础教育阶段英语课程目标的各个级别均以学生语言能力、文化意识、思维品质、学习能力四个方面的综合行为表现为基础进行总体描述。《义务教育英语课程标准(2022年版)》要求从3年级开设英语课程的学校,"3、4年级应完成一级目标,5、6年级完成二级目标";具体应达到的综合语言运用能力表述如下:

一级:对英语有好奇心,喜欢听他人说英语。能根据教师的简单指令做游戏、做动作、做事情(如涂颜色、连线)。能做简单的角色扮演。能唱简单的英文歌曲,说简单的英语歌谣。能在图片的帮助下听懂和读懂简单的小故事。能交流简单的个人信息,表达简单的情感和感觉。能书写字母和单词。对英语学习中接触的外国文化习俗感兴趣。

二级:对英语学习有持续的兴趣和爱好。能用简单的英语互致问候、交换有关个人、家庭和朋友的简单信息。能根据所学内容表演小对话或歌谣。能在图片的帮助下听懂、读懂并讲述简单的故事。能根据图片或提示写简单的句子。在学习中乐于参

[①] 中华人民共和国教育部.义务教育英语课程标准(2022年版)[S].北京:北京师范大学出版社,2022:4.

与、积极合作、主动请教。乐于了解异国文化、习俗。

依据《义务教育英语课程标准(2022年版)》中"3、4年级应完成一级目标,5、6年级完成二级目标"的标准,我校"缤纷英语"课程从"缤纷视听、缤纷交流、缤纷阅读、缤纷写作、缤纷探究"这五个板块进行建构(见图3-1)。

图3-1 课程结构图

具体内涵如下:

学习英语,必须注重提高学生的听说读写技能。学习英语是从"听"起步的,所以我校特别重视听的训练,从一年级的迪士尼动画,到二年级的节奏韵律,继而三年级的听音识词,再到四年级的"I say,You do",然后是五年级的"Aki's Story",最后六年级的环球影城,无一不强调听的重要性。"听"是"说"的前提,没有"听",就无从模仿"说"。只有听得清、听得懂,才能说得准、说得好。口语是语言的输出和内心情感的释放。我校"缤纷英语"也同样重视说的训练,比如通过"英语歌谣唱唱唱""自然拼读""绕口令""趣味配音"等,创造一个宽松、愉悦的课堂氛围,使学生产生说的愿望和自信,从而敢于开口,乐于开口。读是辨别文字符号并将文字符号转换为有意义的信息输入的能力。无论是"视觉词汇",还是"快乐小书虫",我们活化了教材,赋予教材趣味性和吸引力。"写"对小学生来说,除了拼单词、写句子以外,到了高年级还会接触到写英文作文。为此,我们设计了形式新颖多样的学习活动,例如"百变句型"和"头脑风暴",很好地训练了学生的发散性思维,同时也奠定了写作的基础。"缤纷探究"是将语音、词汇、语用、文化等各方面融会贯通,以社团的形式进行展现,让学生能很好地学以致用。

"缤纷英语"的开展,既是学生通过英语学习和实践活动,逐步掌握英语知识和技能,提高语言实际运用能力的过程;也是他们磨砺意志、陶冶情操、拓展视野、丰富生活经历、开发思维能力、发展个性和提高人文素养的过程。

二、学科课程设置

《义务教育英语课程标准(2022年版)》课程标准指出:根据小学生的生理和心理特点以及发展需求,小学阶段英语课程的设置目的是:使学生树立正确的英语学习目标,保持学习兴趣,主动参与语言实践活动;在学习中注意倾听、乐于交流、大胆尝试;学会自主探究,合作互助;学会反思和评价学习进展,调整学习方式;学会自我管理,提高学习效率,做到乐学善学。[1] 通过对课程的重新梳理,我们在原有基础上,对英语校本课程进行了再次系统、科学的开发。在"缤纷英语"的课程理念指导下,教师通过创设民主、轻松的学习氛围,通过科学高效的教学方式,利用听、说、读、写等教学手段对学生进行英语语言浸润式教学。学科课程设置及框架表如下(见表3-2):

---

[1] 中华人民共和国教育部.义务教育英语课程标准(2022年版)[S].北京:北京师范大学出版社,2022:6.

表3-2 "缤纷英语"课程设置表

年级		缤纷视听	缤纷交流	缤纷阅读	缤纷写作	缤纷探究
一年级	上	迪士尼动画	英语歌谣唱唱唱	视觉词汇	字母乐园	Fun club
	下	叽里呱啦	ABC Mouse	叮咚课堂	英语王国	Fun club
二年级	上	节奏韵律	自然拼读	核心金句	书法新秀	Game club
	下	Mother Goose	英语宝贝说	斑马英语	Little Writer	Game club
三年级	上	听音识词	绕口令	伴鱼绘本	词霸之争	Life club
	下	小小优趣	Starfall ABCs	文化长廊	开心词场	Life club
四年级	上	Phonics Rhyming Bee	趣味配音	攀登绘本	头脑风暴	Travel club
	下	I say, You do	魔力小孩英语	图图英语	思维导图	Travel club
五年级	上	Aki's Story	课本剧	七彩熊绘本	百变句型	Reading club
	下	芝麻街英语	脱口秀英语	21世纪报刊	小小作家	Reading club
六年级	上	环球影城	小小演说家	大猫分级阅读	畅所欲言	Art club
	下	Pili Pop English	Hello Talk	快乐小书虫	创意写作	Art club

三、学科课程内容

缤纷英语课程根据每个年段学生的年龄特点,为他们设置了丰富有趣的课程(见表3-3)。

表3-3 "缤纷英语"课程内容表

年级	课程名称	内容要点
一年级	1. 迪士尼动画	1. 认真观看动画,并能根据指令做出相关反应,如Repeat、Answer等。 2. 通过观看动画习得英语语言表达的习惯。 3. 通过观看动画,习得英语口语高频词汇的发音和意义,如Hello、Ready等。

续 表

年级	课程名称	内容要点
	2. 英语歌谣唱唱唱	1. 学唱英文歌曲或者歌谣 15 到 20 首。 2. 通过跟唱英语歌谣,培养学生的英语语感。 3. 在歌谣的韵律和节奏中,培养学生的兴趣和肢体协调能力。
	3. 视觉词汇	1. 了解广州版教材中出现的视觉词汇,识读并理解其意思。 2. 根据听到的词语识别或指认图片或实物。 3. 通过游戏的呈现,灵活掌握并理解视觉词汇。
	4. 字母乐园	1. 正确书写 26 个字母的大小写。能看图识词。 2. 书写正确的字母,并模仿范例写词语。
	5. 叽里呱啦	通过形式多样的英语童谣、绘本、口语单词等游戏的呈现习得英语的简单表达与用法。
	6. ABC Mouse	1. 通过一对一或小班教学的课堂模式,为儿童提供真实、轻松、愉快的课堂体验。 2. 针对学生的知识基础、心理、爱好、特长等特点,积极互动,培养学生说英语的兴趣。
	7. 叮咚课堂	1. 学生通过趣味性强的动画、游戏等不断复习本单元的重点单词和句型。 2. 能够延伸学习与课堂内容水平相适应的自然拼读与绘本故事。
	8. 英语王国	1. 学习 26 个充满惊喜的英语故事。 2. 与游戏角色互动,学习并掌握高频词汇与句型。
	9. Fun club	1. 熟悉 26 个字母,并初步学习英语简单词汇的拼写。 2. 通过开口跟读单词、小诗、歌曲等培养口语表达能力。
二年级	1. 节奏韵律	1. 通过听,感受抑扬顿挫的节奏韵律,根据伴奏进行朗朗上口的跟读。 2. 听录音进行模仿。
	2. 自然拼读	1. 了解元音字母、辅音字母在单词中的普遍发音规律。 2. 用自然拼法读出单音节单词。
	3. 核心金句	掌握每单元课文中出现的核心句型,能读会说,并举一反三。

续 表

年级	课程名称	内容要点
	4. 书法新秀	了解字母的不同字体(牛津体、手写体、印刷体),能在英语本的五线三格中规范书写。
	5. Mother Goose	1. 学习简短、有趣的歌谣,通过朗朗上口的歌词和节奏韵律习得英语。 2. 童谣与绘本交叉学习,帮助学生了解本国与外国文化与有趣知识等。
	6. 英语宝贝说	1. 借助绘本插图,能理解绘本大意。 2. 参照绘本里描绘的游戏开展亲子游戏。
	7. 斑马英语	1. 能模仿动画或音频中主人翁的对话和神情。 2. 模仿故事中人物生动有趣的台词,进行角色扮演。
	8. Little Writer	1. 能够根据给定的背景材料,借助插图,大致理解材料内容。 2. 能够运用核心单词和句型等,模仿例子写句子。
	9. Game club	能够在教师的指导下,通过游戏的形式,掌握本课的重难点。如趣味配音、口语交际、看图识词、词汇识义等。
三年级	1. 听音识词	1. 在教师的指导下练习发音和听音,进行有规则的游戏。 2. 能够通过听音识词的小游戏,正确选择目标单词,区分易混淆单词。
	2. 绕口令	1. 反复、连续朗读,在正确朗读的基础上加快速度。 2. 能够在绕口令的练习中掌握连读、停顿等小技巧。
	3. 伴鱼绘本	1. 能够通过研究插图与文本,推断故事情节等,训练思维品质。 2. 在小组活动中积极与他人合作,在完成任务的过程中能提高跨文化交际意识和语言的实际运用能力。
	4. 词霸之争	根据单词的音、形、义来学习词汇,在熟练记忆所学单词的基础上,模仿例句举一反三进行造句。
	5. 小小优趣	1. 借助游戏等形式掌握打招呼、交通工具、数数、颜色等常用高频词汇。 2. 能够阅读绘本,对亲情、友情等有深刻感知,提升孩子的情商。
	6. Starfall ABCs	透过游戏和探险引导小朋友认识英文字母,以及字母与发音之间的关系。

续 表

年级	课程名称	内容要点
	7. 文化长廊	1. 学生在阅读了解英语国家的风土人情、生活方式、文化背景的情况下,根据不同主题,通过制作手抄报等形式介绍自己感兴趣的部分。 2. 将学生优秀作品展出,互相学习,营造良好的文化氛围。
	8. 开心词场	1. 通过多种游戏场景,让学生开心游戏,轻松记忆英语字母。 2. 通过多种游戏闯关等形式,让学生在游戏中掌握重点单词。
	9. Life club	1. 观看与生活实际相关的视频介绍,习得重点表达。 2. 在教师的指导下,反复操练重点单词、短语与句型。
四年级	1. Phonics Rhyming Bee	1. 在单词教学中渗透英语拼读法,为拼读单词奠定基础。 2. 总结字母和字母组合的发音规律。 3. 选取顺口溜、节奏诵读、歌谣等材料,帮助学生感悟并记住发音规律。 4. 运用 phonics,练习拼读新单词,提升学生拼读单词的能力。
四年级	2. 趣味配音	1. 每课选取 1—2 分钟的短视频或动画片,学生可以自由选择模仿某角色的语气、语调,甚至在配音的同时可以模仿动作,身临其境。 2. 在模仿、表演的过程中,学生的英语口语水平会慢慢得到提升。
四年级	3. 攀登绘本	1. 阅读攀登绘本,能在绘本图片的提示下,听懂读懂小故事。 2. 能根据发音规律拼读出绘本中的新单词。 3. 能对绘本中的内容做简单的角色表演。 4. 完成与绘本学习相关的教学活动。
四年级	4. 头脑风暴	1. 选取适合学生发散思维的主题,开展头脑风暴,进行自由讨论。鼓励学生积极思考、主动探索。 2. 将讨论结果进行归纳、总结、呈现。
四年级	5. I say, You do	1. 准备指令性卡片,学生分组站成一排,根据指令做出相关反应,并在教师的引导下积极与他人合作。 2. 以游戏的方式,通过听说做等全身反应,参与到英语学习中。

续 表

年级	课程名称	内容要点
	6. 魔力小孩英语	学生参加故事表演,扮演角色,为自己喜欢的歌曲和视频配音,学会交朋友,去朋友家做客,认识各种好玩的事物,还可以一起玩游戏……激发孩子无穷的学习兴趣和动力。
	7. 图图英语	1. 将高效的图片记忆教学法和互联网技术相结合,让课后练习更加轻松有趣。内容结合小学英语教材,与书本同步,将书本知识掰开揉碎,单点练习、单点突破,让孩子轻松高效地掌握每一个知识点、每一个考点,帮助提高英语综合能力。 2. 从听、说、读、写、记、练、考出发,提升英语综合能力,学生不仅会认、会写,还会说、会读,能理解,能交流。
	8. 思维导图	1. 从不同的切入点,如词汇教学、阅读教学、写作教学等进行思维导图训练。将隐性知识显性化,将语言信息图像化。将大量的信息分解成易于理解和记忆的"组块",帮助学生系统、有条理地思考,并以图形的方式记录下思维过程。 2. 在更大的范围内寻找与所给的事物相关联的内容,从而能够活学活用,学会自主学习,并对所学内容尝试进行复习和归纳,同时将此方法广泛应用于预习和复习的过程中。 3. 组织思维导图创作比赛。
	9. Travel club	1. 选取世界著名景点,制作旅行计划。了解景点的背景知识,能用英语作简短的介绍。 2. 模拟旅行场景,创设语言使用的情境,如订票、住宿、乘飞机、点餐等,发展自主学习能力和合作精神,进一步提升语言综合运用能力。
五年级	1. Aki's Story	以 Aki's 的故事为听力材料,学生认真听故事,并能在教师的教导下,掌握抓故事重点和解析文本的技巧,培养学生语感,提高听力能力。
	2. 课文 Role Play	在课本提供的具体生动的情境中,在教师的指导下,表演小故事,在角色中体验语言,运用语言。

续 表

年级	课程名称	内容要点
	3. 七彩熊绘本	结合五年级学生的词汇量及理解能力,选取适合的绘本。在阅读中增加语言的输入,提升理解能力。
	4. 百变句型	掌握小学阶段重点句型,巩固小学语法知识,锻炼学生句子重组能力,提升英语综合能力。
	5. 芝麻街英语	利用芝麻街英语丰富的多媒体教学素材,结合国际化互动教学软件,营造纯正的英语环境,帮助孩子发展语言能力、社交能力,培养健康情感,树立健康与保健意识,以及学会尊重与理解。
	6. 脱口秀英语	每位同学准备1—2分钟的脱口秀,内容可以是自己感兴趣的任何话题(能引起观众发笑更佳),鼓励学生勇敢自信地表达,并建立幽默感。
	7. 21世纪报刊	通过接触英语报刊新颖的题材、内容与地道的英语表达,在阅读中积累小升初高频词汇,提升语感,提高学生的阅读理解能力。
	8. Reading club	就所读绘本及报刊中有趣的文章进行分享讨论,表达自己的所读所想,将输入转化成输出。
六年级	1. 环球影城	观看英语原版电影,提供真实的英语语言学习环境,提高学生对英语学习的兴趣。学生能够在电影环境中对生活常见词汇、短语和句子,有一定的了解。
	2. 小小演说家	对常见的话题,如health, season, travel, hobby等,发表自己的看法,以演讲的形式表达自己的情感。
	3. 大猫分级阅读	结合六年级学生的词汇量及理解能力,选取适合的绘本。在阅读中增加语言的输入,提升理解能力。
	4. 畅所欲言	学生对生活中常见话题,如家庭成员、学校生活、兴趣爱好等发表看法。通过此课程,学生能够抒发自己的观点想法。
	5. Pili Pop English	借助国际英语学习网站平台,寓教于乐。提升学习兴趣,扩大知识面。
	6. Hello Talk	在所在城市或全世界找到语言学习伙伴,通过文字和语音的方式进行交流,和学习伙伴共同学习英语。直接和母语是英语的人交流能建立极大的自信,提升语音纯正度及语言流利度。

续 表

年级	课程名称	内容要点
	7. 快乐小书虫	认真阅读《书虫》系列丛书,对照中英表达,明白中英表达的异同,积累阅读量,扩增小学阶段词汇量。
	8. 创意写作	结合课本所学话题与语法知识,开展丰富多样的写作训练。如仿写课文、看图作文、命题作文、自由创作等类型。巩固语法知识,提升学生表情达意的能力。
	9. Art club	将英语与美术学科进行相互渗透融合。鼓励学生脑洞大开,创意思维。给阅读材料配插图,自编漫画绘本,自制海报,创作思维导图等等。

第四节 高效课堂打造系统教学

《义务教育英语课程标准(2022年版)》提出,"小学的评价应以激励学生学习为主"。为了实现上述课程目标,我校开设了"缤纷英语"课堂,利用阶梯实用的校本课程以及融合课程体系,培养孩子听(Listening)、说(Speaking)、读(Reading)、写(Writing)等语言综合运用能力。研究表明,孩子喜欢在活跃的气氛中学习,这也使他们获得更好的学习效果。我校缤纷英语的目标是构建一个充满趣味、充满欢乐的课堂,所有孩子都充满热情地参与其中,让孩子们的素质都得到全面提高,包括社会能力、情商、思维判断、沟通和英语修养等方面。

一、建构"缤纷课堂",提升英语课堂实施品质

"缤纷英语"通过形式多样的教学手段,丰富课堂内容,让孩子爱上学英语,自觉学习英语,从而提升课堂实施品质。"缤纷英语"实践操作主要分为趣验(Funny Experience)式教学、悦探(Happy Explore)式教学、乐享(Joyful Enjoyment)式教学及创新(Innovative Thinking)式教学四种教学方式,注重有趣有效教学,创造语言实践机会,让孩子学以致用。

(一) 在课堂教学中如何开展

1. 趣验(Funny Experience)式教学

让孩子在有趣的情境中体验英语学习的过程,对知识形成真正的理解。如在广州版口语二年级下册 Unit 1 I go to school by bus 这一教学内容中,老师们设置了一个有趣的情境:"我们全班现在在一个离学校很远的外星球,同学们必须在自我介绍时用英语说出怎样来学校的,才能乘坐这个交通工具回到教室上课。否则,就只能留在外星球了。"孩子们一听就觉得很有趣,再加上老师说:"I'm flying to school. Bye-bye, boys and girls."看到了老师有趣的表演,孩子们兴致一下子变得很高,他们对自我介绍也一下来劲儿了,非常卖力地用英语表演说怎么来学校的。他们很喜欢有趣的英语体验,整个英语课堂也充满了欢乐,从而后面的日常英语学习也进展得非常顺利。除了课堂上的趣味体验,也可以多进行师生间、同学间有趣的英语问候,老师可以每天变换不同

的身份用英语与孩子打招呼,体现"快乐打招呼,你我齐微笑"活动,也可设置 Fun club、Birthday party 等活动,让孩子在有趣的语境、文化氛围中体验英语学习的趣味性,从而喜欢多开口说英语。

2. 悦探(Happy Explore)式教学

孩子们都喜欢有挑战性的探索活动,尤其是目标明确又与自己息息相关的探索活动。在教学中,我们通过设置各种挑战任务来培养孩子的好奇心及探究精神,让孩子通过多种有趣的探索渠道获得新知,感受成功的喜悦。如在课堂教学实施中可以设置探索情境:小动物们要过河了,它们都用什么方式过河呢? 同学一起去森林探索,以此引出"I can swim across the river. I can jump across the river. I can walk across the river."等句型,也可以让孩子们进行探索英语单词的内涵或英语文化背景,研究人物性格等活动。

3. 乐享(Joyful Enjoyment)式教学

让孩子们探索完英语单词内涵或英语文化背景后,教师可让他们用英语在班上进行分享,也可以通过悦耳动听的英语歌曲、生动活泼的图片、妙趣横生的游戏和直观的动画视频等有趣的方式进行分享,从而充分调动他们积极分享英语的情感和态度,促进其语言技能的发展。如教授四年级下册 Unit 8 Sports Stars 时,可设置要选拔参加区小学生运动会运动员的情境,把班上的孩子当成运动员,让他们分享竞选运动员的感受。有这样一个现实活动作为分享背景,孩子们分享英语的激情一下子就被点燃了,不知不觉中提升了兴趣,丰富了语感,增长了知识。

4. 创新(Innovative Thinking)式教学

在小学阶段的英语课堂教学中,教师需要建立创新式课堂教学模式去提高课堂学习效率,遵守新课改下的教学规则,以学生为学习主体,提升学生自主学习的积极性,使学生能在轻松快乐的课堂气氛中放下约束,延伸思维的活跃性。在这种教学方式下,学生可以轻松地学习,掌握英语语法以及句型,并在教师创设的课堂情境中完成教材内容练习。

(二) 在课堂教学中如何评价

1. 趣验(Funny Experience)式教学的评价方法

趣验式教学注重让学生在创设的情境中体验学习英语的乐趣,提倡所用即所学。在学习中,学生可以根据场景的变化任意选择相应的句式表达自己的想法。评价标准如下：

表3-4 趣验式教学的评价表

评价内容	分数（1—5分）
能根据情境转换选择相应句型	
表达生动有趣	
口齿清晰，抑扬顿挫	
发音模仿度高	
总分	

2. 悦探（Happy Explore）式教学的评价方法

悦探式教学提倡学生以小组合作的方式进行学习，在活动中教师要注重培养学生的团队合作精神及大胆尝试的勇气。在口语表达中，善于组织语言，不强调语法，鼓励学生大胆表达自己的观点。评价标准如下：

表3-5 悦探式教学的评价表

	优秀（5分）	良好（3分）	一般（1分）
Group 1			
Group 2			
Group 3			
Group 4			

3. 乐享（Joyful Enjoyment）式教学的评价方法

乐享式教学激励学生在活动中用英语分享自己的所学所获，鼓励学生大胆发言，评价标准如下：

表3-6　乐享式教学的评价表

评价内容	分数（1—5分）
表情丰富,动作得体	
把握时间,和观众互动	
口齿清晰,抑扬顿挫	
主题新颖有趣	
总分	

4. 创新(Innovative Thinking)式教学的评价方法

创新式教学注重发展学生的逻辑思维,鼓励学生创新。根据学生使用的单词量、语音语调、逻辑思维等方面进行打分。学生进行互评,每项1—5分。评价标准如下:

表3-7　创新式教学的评价表

评价内容	分数（1—5分）
逻辑思维清晰	
发音准确	
词汇丰富	
信息量大	
发言让听众感兴趣	
总分:	

二、开发"缤纷课程",丰富英语课程体系

我校英语学科组主要通过四个方面去开发"缤纷英语",让"缤纷英语"课堂得到具体实施,并取得预期效果。

(一)"缤纷课程"的开发路径

"缤纷课程"的开发是从孩子的听、说、读、写入手,把几方面的内容融入低年级字

母、自然拼读的学习,以及中、高年级高频词的学习和趣味阅读。把英语节、英语社团、英语角作为孩子展示的舞台,让孩子能充分地锻炼口语表达能力。

1. 字母乐园(Letter paradise)

英语字母教学作为英语学习的基础,是小学英语教学中的重要一环,也是重点教学内容之一。这一阶段的教学,教师应给予足够的重视,通过各种有趣的教学组织形式使这一阶段的学习得以很好落实。学好 26 个字母对以后单词的学习起着至关重要的作用。因此,在学习字母阶段,我们要利用一切可利用的资源,创设情境,让孩子和字母交朋友、做游戏。

(1) 注重示范发音的正确性。字母发音直接影响着孩子单词的发音,而且孩子错误的发音一旦形成就很难纠正。因此教师在教学字母之前一定要多听录音,纠正自己的发音。在课堂教学中教师要让孩子听磁带跟读,观察他们的口形,并鼓励模仿得好的孩子示范领读,帮助其他同学纠正发音。

(2) 把握孩子的发音难点。受各地方方言的影响,孩子对字母的发音往往会出错。比如:南方人容易把 A 读成/e/。因此,教师要把握好孩子方言发音难点,预先采取各种教学方法防止错误发音的出现。

(3) 强化个别字母教学。尽管许多孩子对字母有了一定程度的掌握,但大多数孩子都没有进行过系统的字母学习,中间难免存在着许多似是而非的现象。例如孩子对"Gg""Jj"两个字母的读音容易混淆,对"Uu"和"Ii"这两个字母的发音不到位。教师在教学中应针对这种情况加强这几个字母的训练。

(4) 注重读音归类教学。把字母按读音进行分类是字母读音教学的一个重要任务,也是孩子觉得有一定难度的一项内容。为了使孩子能更好地掌握字母读音,教师可采用"分家"游戏的方法,按"家族"将 26 个字母进行分类记忆。首先将字母划分为七个家族,再对号入座,最终编成一首音素家族儿歌帮助孩子记忆。

(5) 注重字母书写教学。字母的书写过程要一步步进行,先观察形状,再观察笔顺、占格情况,然后仿写。首先,要求孩子能正确区分一些形近的字母。有些字母可以通过猜谜的方法让孩子记住它们的形状特点。例如:弯弯的月牙(C)、一条小蛇(S)。其次,因为英语字母有印刷体和书写体之分,所以孩子在书写时容易发生混淆,教学时应多在这方面进行强调。如 i 和 j 都是后加点,t 先写钩,H 先两竖等。建议教师不妨采用汉语拼音的教法,使用一些形象的比喻,帮助孩子理解记忆书写规则,防止笔画出错。最后，操练字母我们还可以采用游戏的形式，如"What's missing?"游戏、"左邻右舍"游戏、"Make letters"游戏等。

2. 高频词（Sight words）

Sight words，是指那些不符合拼读规律，占所有阅读词汇总数50%以上的词汇。掌握高频词，再结合自然拼读规律，就可以提高英语阅读的速度和流利性。基本上能看懂少儿读物80%的词汇，剩余20%的词汇利用自然拼读规则，就可以轻松朗读。

为此，我校英语教师致力于开发Sight words课程，并把其推广运用于一、二年级，让孩子们在低年段就解决一些不规则词汇，为接下来的单词学习和绘本阅读打下基础。我校一、二年级的老师每节课利用课前10分钟进行Sight words教学，主要通过Flash card，Word games和Word copy三个环节进行Sight words教学并巩固。

（1）Teaching Sight Words Using Flash card。单词卡的使用在Sight words课堂教学时可以很好地帮助孩子们认识和识记单词，还方便开火车游戏的开展。把这些单词卡贴在一堵墙上，形成Sight words墙，玩一些让孩子与墙壁互动的游戏，帮助孩子了解单词的位置，让孩子每天都看这些单词，在潜移默化中就把单词记住了。

（2）Teaching Sight Words Through Games。玩游戏是学习和巩固单词的好方法，可以在课堂巩固环节通过有趣的游戏来帮助孩子们记忆，也可以鼓励孩子们在家进行游戏。

3. 自然拼读（Phonics）

在中年段，我们则开发了Phonics课程并付诸于实践。"Phonics"也就是自然拼读法，是根据语言发音的自然规则归纳而成的一种发音学习方法。它通过直接学习26个字母及字母组合在单词中的发音规则，建立字母及字母组合与发音的感知，让孩子在轻松愉快的氛围中，了解和学习英语字母组合的奥妙，掌握英语拼读规律，从而达到看到单词就会读，听到单词就会拼的学习目的。我校的Phonics课程通过Let's read，Blend the words，Word games，Exercise time和Read the rhyme等五个环节的训练让孩子们掌握自然拼读的方法。把枯燥无味的背单词变成一件简单的事，从而达到事半功倍的效果。

自然拼读法，是目前国际主流的英语教学法，是一门实用的工具与方法。这种教学法简单高效，符合孩子学习语言的规律，能让他们在玩中学习，在学习中玩。这不仅改变了学习英语时的枯燥氛围,还大大提高了学习效率。相信 Phonics 课程的实施会让我校很多孩子受益,孩子们在自然拼读的引领下能更轻松快乐地学习英语。

4. 趣味阅读(Fun Reading)

在小学阶段开设有趣、有效的英语阅读课,对于开发语言的实用性与有效性,具有极其重要的现实意义,也是时代发展的必然趋势。我校致力于研究有趣的阅读教学法。

(1) 从生活实际入手,引入话题。小学英语在中、高年级课本中已经出现了 Let's read、Story time、绕口令等阅读材料,同时所列功能项目也是日常生活中最常用的内容,突出了语言学习与孩子生活经历相联系。教材的这种编写特点也决定了小学阅读教学要求突出"用"字,要让孩子学习、理解与传递必要的信息。

(2) 层层推进,逐步操练。在小学阶段,我们强调教师抓住小学英语教学的三个要点:兴趣+情景+活动,采用诸如 Look and Say 这一类的方法,借助图片、录像或假设的情境,增加孩子对语言的感知,对课文内容的感知,使他们产生阅读的欲望。再通过一个 Let's be a painter 的教学活动,让孩子将头脑中印象最深刻的一次假期通过画笔画下来再进行讨论,将结果记录下来,并在小组之间进行传阅。这样既实现了训练任务向实践型任务的过渡,培养语言运用能力,又解决了阅读材料少的问题。让孩子轻松地在同学之间找到了感兴趣的阅读材料,同时也让他们在阅读过程中加深了对课文的理解。

(3) 视听着手,解决问题。以问题推动学习,通过解决问题来感知整体的阅读材料。教师根据孩子的认知规律,借助课文图片,通过多媒体的方式呈现问题,让孩子带着问题去听录音。就这样,通过设计问题的方式来帮助孩子理解、鉴赏文章的切入点。但教师设计问题,要遵循循序渐进的原则,要把问题建筑在孩子的注意力和兴趣之上,服务于全面提高孩子素质水平的目标需要。

(4) 过程指导,适当调控。阅读习惯的好坏直接影响着阅读效率的高低。小孩子刚刚接触英语,不知道如何很好地去阅读,大部分孩子要靠老师正确的指导,而且阅读习惯也不是一朝一夕能养成的。为此,阅读教学过程中注意孩子阅读习惯的培养,具体培养孩子默读的习惯;培养孩子根据意群认读的习惯;培养孩子猜词的习惯,最终鼓励孩子积极地进行阅读。

(5) 渗透异国文化,拓展阅读空间。语言具有丰富的文化内涵,英语学习中有许多跨文化交际的因素,这些因素在很大程度上影响对英语的学习和使用,因此通过文化背景的渗透来培养文化意识有助于孩子真正学好、用好英语,"流"向课外。教师可在 My holiday 的教学中积极地渗透西方节日及文化。如 Christmas，Thanksgiving Day 等,同时引导孩子利用课外时间去搜寻更多的相关信息。这样让孩子在主动、有兴趣的条件下自主拓展课外阅读的空间。

(6) 增加语言实践量,延伸英语阅读空间。从培养阅读能力的角度来看,仅限于课文的阅读教学是远远不够的。阅读课的课堂教学内容绝不能只停留在封闭的教室、狭窄的一本书里,而是要面对更广阔的社会生活,拓宽阅读内容视角,摆脱传统英语阅读教材的束缚,以提高孩子的能力素质。

(二)"缤纷课程"的评价标准

"缤纷课程"符合《义务教育英语课程标准(2022 年修订版)》课程总体目标,其中包含语言能力、思维品质、学习能力和文化意识四个方面,也有效落实了我校的校本课程目标。传统的课堂教学评价以教师的"教"为中心,主要以教师在课堂上的表现来评价课堂教学效果;缤纷英语课堂评价倡导"以孩子的综合素质发展为本"的基本理念,坚持"以学论教"的指导思想,以孩子为主体,以"Fun"为重要特征。借助阶梯状课程形式,以趣激趣,使孩子在情境创设中轻松愉悦地内化知识,帮助每个孩子构建自己独到的见解,从而成为有个性特征的人(见表 3-8)。

表 3-8 "缤纷课堂"评价标准表

评价项目	评价指标	得分
教学目标 (10 分)	1. 准确、具体,具有层次性、生成性,可操作性强,切合孩子实际。 2. 符合课程标准要求,体现"三维"目标且和谐统一。 3. 贯穿于整个教学过程中,能落实在具体的教学内容上。	
教学内容 (20 分)	1. 合理利用课程资源,教材内容把握准确、科学,整体与个体关系处理得当。 2. 内容有条理,层次清晰,重点突出,内容的呈现符合英语学习的规律和特点。 3. 关注英语知识与生活的联系,体现语言教学的实践性和趣味性。 4. 课堂容量合适、难易适度、速度适中。	

续 表

评价项目	评价指标	得分
教学过程 (30分)	1. 课堂氛围有趣、和谐,孩子乐于分享彼此的思考、见解和知识,能自由表达自己的观点,积极合作。 2. 教与学关系和谐,时间分配科学,以学为主。教师启发、点拨和组织教学的时间原则上不超过15分钟,充分调动孩子的各种感官,进行自主、高效的学习。 3. 教师、孩子、文本之间进行形式多样、频率适当、有思维含量的对话与交流,孩子思维活跃,参与面广。 4. 多媒体、教具等辅助教学手段运用恰当,和谐、高效地服务于教学工作。 5. 注重学法指导和习惯养成,教学环节完整,作业适度、适量。 6. 教学方法适宜,学习方式得当,学习方法高效,和谐共生。	
教学效果 (20分)	1. 教学目标达成度高,孩子的能力目标和情感态度目标在达成认知目标的过程中得到足够重视。 2. 师生保持良好的情绪状态和交往状态,孩子参与面广、学习积极主动。 3. 孩子的思维品质和能力得到锻炼和优化,能应用所学知识解决真实情景中的问题,孩子的观察能力、分析能力、思维能力等综合能力得到发展和提高。	
教师素质 (10分)	1. 教师富有朝气且具有较强的应变能力,能及时处理各种偶发教学事件。 2. 教师学科知识功底深厚、扎实,教学视野宽广,能创造性地使用教材,能熟练和创造性地运用各种教学资源。	
创新教学 (10分)	在英语课堂教学中发展个性,培养求异思维,在教学设计、教学方法、课件使用等某一方面具有创新,能形成独特的教学风格,教学效果显著。	

三、开展"缤纷英语节",浓郁课程实施氛围

根据实际情况,我校开展了形式多样的英语节活动。以 To do the most, To show the best(积极参与,秀出自我),Kiss English, kiss the world(亲近英语,拥抱世界)为主

题,通过系列活动,营造语言氛围,拓展孩子视野,培养孩子情趣,激发英语兴趣,展示语言能力,培养跨文化意识,拓展孩子的视野,增长学识。

(一)"缤纷英语节"的活动设计

"缤纷英语节"的活动主要围绕着有趣、有效进行设计,让孩子学以致用,从而巩固所学的英语。

1. 日常英语活动

利用校园广播台播放英语歌曲、英语故事,介绍西方国家人文风情,人人说英语,要求能运用所学的日常用语进行表达。

(1)孩子值勤或在校园内用英语问候老师,孩子间日常交流能说英语尽量说英语,提倡用双语交流,充分拓展"英语校园"的空间,形成浓厚的校园英语氛围。

(2)开展"每位孩子教爸爸、妈妈、爷爷、奶奶学英语单词,说英语句子"活动。从学校延伸至家庭,营造良好的英语学习氛围。

(3)三至六年级的每日一句双语谚语。

2. 英语基本技能比赛

(1)一、二年级:字母书写比赛。

① 应按照字母的笔顺和字母在三格中应占的位置书写。

② 每个字母都应稍向左倾斜,约为5°,斜度要一致。

③ 大写字母都应一样高,占上面两格,最好不顶第一线。

④ 小写字母 a, c, e, m, n, o, r, s, u, v, w, x, z 写在中间的一格里,上下抵线,但都不出格。

⑤ 小写字母 b, d, h, k, l 的上端顶第一线,占上面两格。

⑥ 小写字母 i 和 j 的点、f 和 t 的上端都在第一格中间,f 和 t 的第二笔紧贴在第二线下。

⑦ 小写字母 f, g, j, p, q, y 的下端抵第四线。

⑧ 小写字母 a, d, h, i, k, l, m, n, t 和 u,它们的提笔是一个上挑的小圆钩,不能写成锐角。

(2)三年级:单词、句型抄写比赛。

① 书写单词时,字母与字母之间的间隔要均匀、适当,不要凑得过紧,也不要离得太远。

② 书写句子时,单词之间必须有适当的距离,一般以空出一个小写字母 a 的宽度为宜。

③ 标点符号要写在一定的位置上。

(3) 四年级:连词成句比赛。

每题 5 分,共 20 道题,把单词按顺序排列组成一句通顺的句子,并加上标点符号。

(4) 五年级:英汉互译比赛。

每题 2 分,共 50 道题,把相应的英文或中文的短语及句子翻译出来,正确即得 2 分,每题只要有一处错误均不得分。

(5) 六年级:英语阅读比赛。

15 分钟内完成 10 篇阅读理解,每篇阅读理解 5 道题,每道题 2 分。按分数高低的比率选出最佳选手。

3. 英语节目汇演

(1) 一、二年级:歌曲童谣演唱。

各班英语老师为孩子们选取一首歌谣参加表演,家长筹备服装、化妆等事宜。

(2) 三、四年级:英语故事表演。

每个故事表演限时 3 分钟,表演者 1—3 人。主题鲜明、深刻,格调用心向上,语言自然流畅,富有真情实感;脱稿,声音响亮,普通话标准,语速适当,表达流畅,激情昂扬;衣着整洁,仪态端庄大方,举止自然、得体,体现朝气蓬勃的精神风貌;上下场致意,答谢;有较强的现场感染力,能引起评委的共鸣。

(3) 五年级:课本剧表演。

每个课本剧表演限时 5 分钟,表演人数不限。发音准确、语调正确。要有情感的交流。落落大方,自然,手势与内容相符,能表现人物性格。符合故事发展以及人物的性格。在原有故事基础上有合理的创作、改动,与故事内容相符,感情流露自然得体。

(4) 六年级:英语演讲。

① 第一部分:讲演。

要求发音准确、吐词清晰、语调流畅、语速适中;内容详实、立意较高、文笔流畅、积极向上;着装整洁、仪态端庄、表情自然、声情并茂。

② 第二部分:现场问答。

要求能准确理解题意;反应敏捷;回答流畅准确;思维具创造性。

四、创设"缤纷英语社团",发展英语学习兴趣

为了丰富孩子的课余生活,营造浓厚的英语学习氛围,我校积极创设"缤纷英语社团",为孩子的英语学习提供环境。"缤纷英语社团"是孩子运用语言能力,发展学习兴趣,培养交际能力的有效阵地,能让孩子找到自己身上英语学习的潜力,增强自信心,努力培养孩子的创新精神和实践能力。

(一) 英语儿歌社团

英语儿歌社团主要面向低年段的学生开展,因英语儿歌充满童趣,富有动感,形式活泼而深受一、二年级孩子们的喜爱。在英语儿歌社团的课堂教学中,将单词编入歌曲,通过教授孩子演唱英语歌曲,寓教于乐,帮助孩子记忆词汇。在优美的英语歌曲中培养孩子的英语语感,提高孩子们的表演创造能力。

(二) 英语小剧团

英语小剧团,选用生动有趣的小故事、诗歌、童谣等,让孩子以自己的理解亲身去饰演各类不同的角色。英语小剧团表演的主题为各类经典的、生动有趣的小故事,教师帮助孩子思考、想象、揣摩故事的意蕴,并通过角色扮演的方式,鼓励孩子大胆表演,培养孩子创造的能力。

(三) 英语趣配音社团

英语的学习不只有枯燥乏味的单词和习题,英语学习目标的达成,也可以通过丰富有趣的活动得以实现。英语趣配音社团的开展就为孩子们提供了英语学习的机会,不仅能够帮助孩子增强语感,还能锻炼孩子的勇气和自信。孩子对各种英文电影或电视剧片段充满兴趣,并有着强烈的模仿和创造的能力,在英语趣配音社团这样一个真实的环境下,孩子如临其境,通过对纯正的语音语调的模仿和训练使自身英语综合能力得到一定的提升。

(四) 英语报刊阅读社团

通过调查发现,许多孩子对有趣的文学故事、外国风俗文化或是最新时事颇感兴趣,而这些丰富的资源和材料可以在《21世纪英语报刊》获得。为了丰富孩子英语学习的形式,学校开设英语报刊阅读的社团。教师在课堂上,带领孩子阅读英语报刊,并在必要的时候点拨他们,孩子在课堂上交流自己对于不同故事的看法,形成自己的思

考,自身的英语文化素养也得以提升。

为了让家长深入了解孩子们社团课的表现,我们制定了相应的评价标准(见表3-9)。

表3-9 "缤纷英语社团"评价表

评价内容		评价等级			
		A	B	C	D
口语表达 (A、B、C、D档)	A档:展示时语音语调标准,朗读自然流畅,整体有2处以内错误; B档:展示时语音语调较标准,朗读较流畅,整体有3—5处错误; C档:展示时语音语调不标准,朗读不流畅,整体有5—8处错误; D档:展示时语音语调极不标准,朗读极不流畅,整体有8处以上错误。该项成绩录入英语评价量化表中口语测试的语音语调一栏。				
语言艺术 (A、B、C、D档) A档:90—100分 B档:80—89分 C档:60—79分 D档:59分以下	1. 主题内容健康向上,具有时代精神。(10分) 2. 口齿清晰,普通话标准,语速适当,表达流畅,表演到位富有激情,讲究表演技巧,动作恰当。(30分) 3. 舞台形象好,大方自然。衣着得体,对观众、评委有礼貌。(20分) 4. 表演生动且极具风格,具有吸引力。(20分) 5. 整体安排合理,台风好,能面对观众,情节衔接恰当。(20分)(总分100分。保留小数点后两位数。)				

"缤纷英语社团"是课堂教学的辅助形式,是课堂教学的补充和延伸,旨在激发孩子学习英语的兴趣,提高孩子的听、说、读、写能力,帮助孩子树立学英语的自信心,形成有效的学习策略,养成良好的学习习惯,丰富其课余生活,同时也为他们今后的英语学习打下更好的基础。

(五) 开设"缤纷英语沙龙活动",开启学习新模式

为提高我校孩子英语综合水平,锻炼孩子的英文口头表达潜力,丰富孩子课余文化生活,建立良好的校园文化氛围,我校组织开展"缤纷英语沙龙活动"。"缤纷英语沙龙活动"形式丰富,对激发孩子的学习兴趣有着极大的帮助。

1. 我是人气王

每人一张小纸片,孩子自己拿着纸片去找人签名,签名时双方要用英文介绍自己的姓名、年龄及爱好等,并要记得签名人的样貌、姓名。最后以认识人最多的为人气王。

2. 瞬间记忆大比拼

参与者站定后背着观众,此时四个工作人员各举一张卡片,卡片上写有一个句子,工作人员背向观众站定。由主持人下令让参与者同时向后转,此时开始计时,限时5秒钟。在这5秒钟内参与者可以看卡片上的句子并迅速地记下来。5秒钟后,工作人员将卡片给观众快速看几遍,然后将卡片扣在地面上。参与者有1分钟的时间将迅速记下来的句子写在黑板上。时间一到,工作人员将卡片举起面向观众,由评委审查参与者写的句子与题目是否一致。如句子中有单词错误,错一个单词扣1分。

3. 电影趣配音

根据不同年龄段的孩子选择相应难度的有趣的电影片段,以小组为单位展开练习(时长5分钟),其间由老师到每个小组进行指导。配音时根据孩子的发音、流利度、角色的情感、团队表现等打分。

4. Yes or No

两个同学面对面,每人的头上放一个牌子,牌子上的字是同学要猜的人或事物,彼此先告诉对方一个大概范围。每次每人可以问对方一个问题,用一般疑问句来确定答案,回答者只能回答Yes/No,最先猜出者获胜。

5. 耳语传真

每组五人,主持人说一个短语或句子,由组员传下去,速度最快、最准确者获胜。

综上所述,在"乐学英语"的引领下,我校英语教师坚持以学生为主,充分发挥教师的主体引导作用,让学生在轻松愉悦的教学气氛中去思考和学习,在学习知识、收获成果、掌握技能的同时能感受到英语学习所带来的快乐体验。

(撰稿人:陈丹虹　胡杰　滕芳　穆玲玲　张丽琼　赖敏敏　钟素宇)

第四章

悦雅音乐:用动听的旋律陶冶心灵

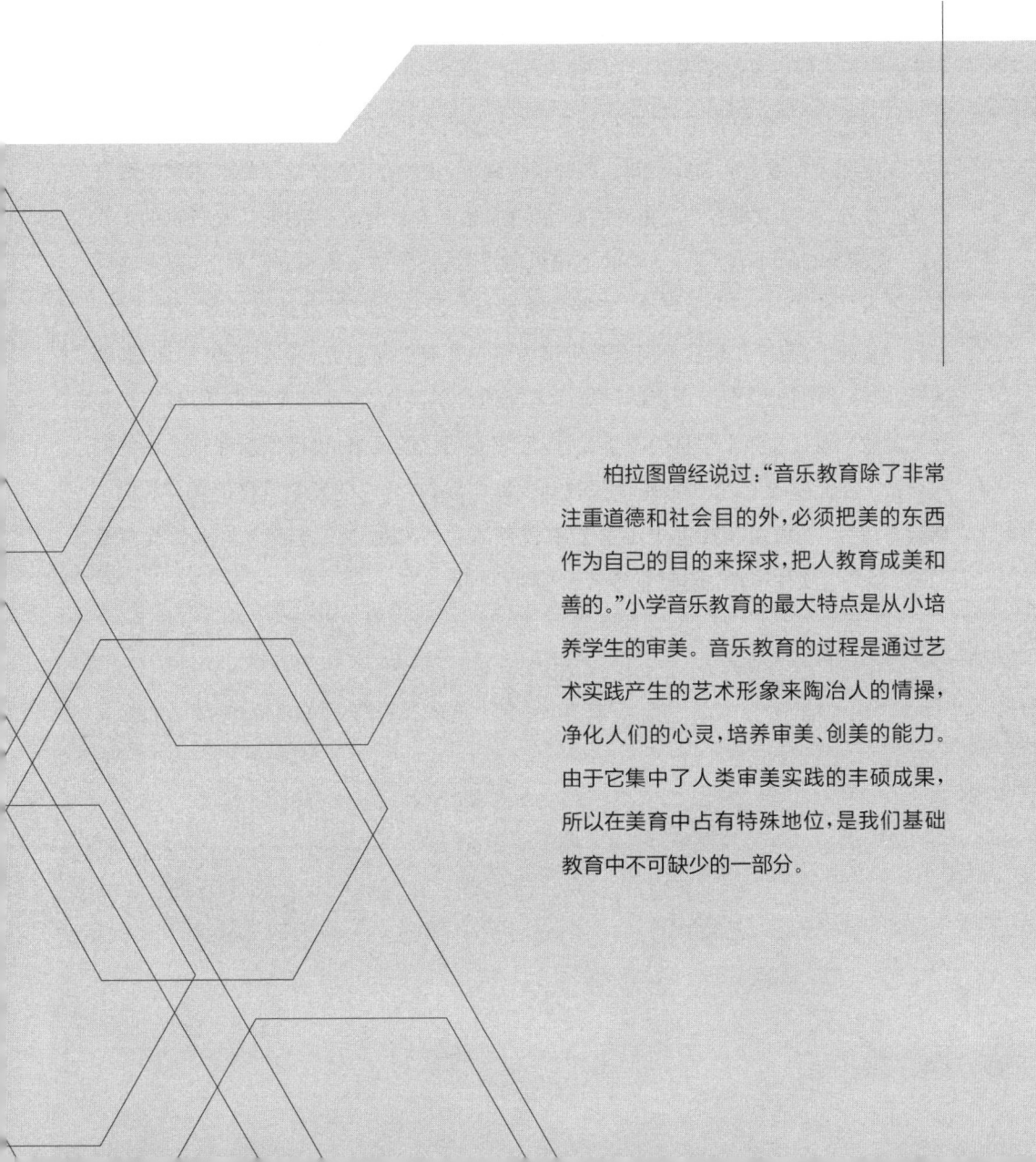

柏拉图曾经说过:"音乐教育除了非常注重道德和社会目的外,必须把美的东西作为自己的目的来探求,把人教育成美和善的。"小学音乐教育的最大特点是从小培养学生的审美。音乐教育的过程是通过艺术实践产生的艺术形象来陶冶人的情操,净化人们的心灵,培养审美、创美的能力。由于它集中了人类审美实践的丰硕成果,所以在美育中占有特殊地位,是我们基础教育中不可缺少的一部分。

广州开发区第二小学教育集团音乐学科组，现有教师9人，师资队伍优良，结构合理，有市优秀教师2名，区音乐中心组教师1名，副高级教师1名，一级教师3名，其中2位教师曾在国家级评优课中获奖，辅导学生参加文艺演出，多次荣获省市级比赛奖项。学科组秉承"悦雅音乐"的课程理念，导入多元文化，开发富于人文色彩和情趣的音乐课程和多种能力的实践空间。在师资管理上，我校音乐教师除了做好本职的教育教学工作外，还要求具有坚定正确的政治方向，乐于奉献的敬业精神，认真负责的工作态度，充满爱心的师生关系，文明的道德风尚，团结协作的集体观念。同时，要求教师专业基本功扎实，具有专业特色，能够独立承担社团建设与演出排练等专业性工作。在教学备课上，我校音乐教师们以教研组为单位开展教学研究，开展听课、评课、磨课活动，教师集中精力，分工负责研讨每一节课的教学设计、每一单元的教学设计、学年教学的教学设计和整个学科的教学设计，形成系列化的成果，以确保新课程实施的底线质量。在此基础上，积极鼓励优秀教师创新实践，有自己的教学风格追求。我们依据教育部《关于加强和改进中小学艺术教育活动的意见》《义务教育艺术课程标准（2022版）》等文件精神，推进"悦雅音乐"课程建设。

第一节　用音乐走进儿童的内心世界

一、学科价值观

　　音乐是文化的重要组成部分，音乐是人类最古老、最具普遍性和感染力的艺术形式之一，是人类通过特定的音响结构实现思想和感情的表现与交流必不可少的重要形式，是人类精神生活的有机组成部分。作为人类文化的一种重要形态和载体，音乐蕴含着丰富的文化和历史内涵，以其独特的艺术魅力伴随人类历史的发展，满足人们的精神文化需求。对音乐的感悟、表现和创造，是人类的一种基本素质和能力。音乐课程的价值在于：为学生提供审美体验，陶冶情操，启迪智慧；开发创造性发展潜能，提升创造力；传承民族优秀文化，增进对世界音乐文化丰富性和多样性的认识和理解；促进人际交往、情感沟通及和谐社会的构建。因而，义务教育阶段的音乐课，应当面向全体学生，使每一个学生的音乐潜能得到开发，每一个学生都从中受益。

　　音乐学科是一门情感型学科，它陶冶情操，涵养美感，培养人格。我校"悦雅音乐"的课程理念紧扣学科价值观，以"悦雅之道"为音乐教育宗旨，师生悦于心、活力无限；雅于行、质韵若兰。培养学生正确的情感态度价值观，在此学习过程中，收获和悦至美、文雅至善的美好境界。

二、学科课程理念

　　我们的学科结合音乐教育的特性与"悦雅"音乐的主题，制定符合学生音乐审美能力发展需要的课程。主要理念如下：

　　1. 以"悦雅音乐"为核心，以兴趣爱好为动力

　　以"悦雅"为核心的基本理念，贯穿于音乐教学的全过程，在潜移默化中培育学生美好的情操、健全的人格。音乐基础知识和基本技能的学习，有机地渗透在音乐艺术的审美体验之中。音乐教学应该是师生共同体验、发现、创造、表现和享受音乐美的过程。在教学中，强调音乐的情感体验，根据音乐艺术的审美表现特征，引导学生对音乐

表现形式和情感内涵的整体把握，领会音乐要素在音乐表现中的作用。

众所周知，兴趣是学习音乐的基本动力，是学生与音乐保持密切联系、享受音乐、用音乐美化人生的前提。音乐课应充分发挥音乐艺术特有的魅力，在不同的教学阶段，根据学生身心发展规律和审美心理的不同特征，以丰富多彩的教学内容和生动活泼的教学形式，激发和培养学生的学习兴趣。教学内容应重视与学生的生活经验相结合，加强音乐课与社会生活的联系。

2. "悦雅音乐，乐动于心"，鼓励学生音乐创造与个性发展

音乐课的教学过程就是音乐艺术的实践过程。因此，"悦雅音乐"的课程理念，鼓励音乐创造，让学生做自己内心的小小音乐家，教师应积极引导学生参与各项音乐活动，将课程作为学生走进音乐，获得音乐审美体验的基本途径。同时通过音乐艺术实践增强学生音乐表现的自信心，培养良好的合作意识和团队精神。在"悦雅音乐"所鼓励的自主实践创作氛围中，发展学生的想象力，增强学生的创造意识，开发学生的创造性潜质。

3. "悦雅音乐"——倡导弘扬民族音乐，理解多元文化

"悦雅音乐"的理念倡导将我国各民族优秀的传统音乐作为音乐课的重要教学内容，通过学习民族音乐，使学生了解和热爱祖国的音乐文化，增强民族意识和爱国主义情操。

音乐教育中要注重对不同民族文化的理解和尊重。在强调弘扬中华民族音乐的同时，还应以开阔的视野，学习、理解和尊重世界其他国家和民族的音乐文化。通过音乐教学使学生树立平等的多元文化价值观，以利于我们共享人类文明的一切优秀成果。

"悦雅音乐"的课程，以学生的全面发展为重要落脚点，以多元的视角审视音乐教学，积极开发和利用课程资源，让学生在悦心、高雅的音乐氛围中陶冶情操，发展学生审美体验、艺术表达和文化认知。

第二节　让音乐丰富儿童的心灵

学科课程目标的设置以音乐课程价值的实现为依据,通过音乐课程学习和参与丰富多样的艺术实践活动,探究、发现、领略音乐的艺术魅力,培养学生对音乐的持久兴趣,涵养美感,和谐身心,陶冶情操,健全人格。学生学习并掌握必要的音乐基础知识和基本技能,拓展文化视野,发展音乐听觉与欣赏能力、表现能力和创造能力,形成基本的音乐素养。同时丰富情感体验,进行爱国主义德育渗透,培养学生良好的审美情趣和积极乐观的生活态度,促进其身心的健康发展,立德树人,凝练核心素养。

从"音乐素养,乐的养成"这一核心概念出发,我校音乐课程目标包括音乐知识目标、节奏、音准、创编、综合性学习五部分,音乐兴趣课程目标则包括音乐类社团课目标、音乐团队目标、音乐展示活动目标和终身目标等。

具体而言,我校的音乐课程目标如下。

一、学科课程总体目标

《义务教育艺术课程标准(2022年版)》指出:

- 感知、发现、体验和欣赏艺术美、自然美、生活美、社会美,提升审美感知能力。
- 丰富想象力,运用媒介、技术和独特的艺术语言进行表达与交流,运用形象思维创作情景生动、意蕴健康的艺术作品,提高艺术表现能力。
- 发展创新思维,积极参与创作、表演、展示、制作等艺术实践活动,学会发现并解决问题,提升创意实践能力。
- 感受和理解我国深厚的文化底蕴和党的百年奋斗重大成就,传承和弘扬中华优秀传统文化、革命文化、社会主义先进文化,坚定文化自信,铸牢中华民族共同体意识。
- 了解不同地区、民族和国家的历史与文化传统,理解文化与构建人类命运共同体的关系,学会尊重、理解和包容。[1]

---

[1] 中华人民共和国教育部.义务教育艺术课程标准(2022年版)[S].北京:北京师范大学出版社,2022:6—7.

(一) 情感、态度、价值观

(1) 丰富情感体验,培养对生活的积极乐观态度。音乐学习可以丰富学生的情感体验,使其情感世界受到潜移默化的感染和熏陶,建立起对人类、对自然、对一切美好事物的关爱之情,进而养成对生活的积极乐观态度和对美好未来的向往与追求。

(2) 培养音乐兴趣,树立终身学习的愿望。通过各种有效的途径和方式引导学生走进音乐,在亲身参与音乐活动的过程中喜爱音乐,掌握音乐的基本知识和基本技能,逐步养成欣赏音乐的良好习惯,为终身喜爱音乐奠定基础。

(3) 提高音乐审美能力,陶冶高尚情操。通过训练学生对音乐作品情绪、格调、人文内涵的感受和理解,培养学生音乐的欣赏能力,养成健康向上的审美情趣,使其在真善美的艺术世界里受到高尚情操的陶冶。

(4) 培养爱国主义情感,增强集体主义精神。通过音乐作品中所表现的对祖国山河、人民、历史、文化和社会发展的赞美和歌颂,培养学生的爱国主义情感;在音乐实践活动中,培养学生良好的行为习惯和宽容理解、互相尊重、共同合作的意识,增强集体主义精神。

(5) 尊重艺术,理解世界文化的多样性。尊重艺术家的创造劳动,尊重艺术作品,养成良好的欣赏音乐艺术的习惯。通过系统地学习母语音乐文化和不同民族、不同国家、不同时代的作品,感知音乐中的民族风格和情感,了解不同民族的音乐传统,热爱中华民族音乐文化,学习世界其他民族的音乐,理解音乐文化的多样性。

(二) 过程与方法

1. 体验

完整而充分地聆听音乐作品,在音乐体验与感受中,享受音乐审美过程的愉悦,体验与理解音乐的感性特征与精神内涵。

2. 模仿

通过亲身参与演唱、演奏、编创等艺术实践活动,并适当地运用观察、比较和练习等方法进行模仿,积累感性经验,为音乐表现和创造能力的进一步发展奠定基础。

3. 探究

培养学生对音乐的好奇心和探究愿望,重视自主学习的探究过程,使学生能够积极参与以即兴式自由发挥为主要特点的探究与创作活动。

4. 合作

在音乐艺术的集体表演形式和实践过程中,能够与他人充分交流、密切合作,不断增强集体意识和协调能力。

5. 综合

通过以音乐为主线的艺术实践,渗透和运用其他艺术表现形式和相关学科的知识,更好地理解音乐的意义及其在人类艺术活动中的特殊表现形式和独特的价值。

(三) 知识与技能

1. 音乐基础知识

学习并掌握音乐基本要素(如力度、速度、音色、节奏、节拍、旋律、调式、和声等)、常见结构、体裁形式、风格流派和演唱、演奏、识谱、编创等基础知识。

2. 音乐基本技能

学习演唱、演奏、创作的初步技能,能够自信、自然、有表情地演唱歌曲和演奏课堂乐器,了解音乐创作的基本方法。在音乐听觉感知的基础上识读乐谱,在音乐实践活动中运用乐谱。

3. 音乐历史与相关文化知识

了解中外音乐发展的简要历史和有代表性的音乐家,初步识别不同时代、不同民族的音乐。认识音乐与姊妹艺术的联系,感知不同艺术门类的主要表现手段和艺术形式特征。了解音乐与艺术之外其他学科的联系,扩展音乐文化视野。根据自己的生活经验和已学过的知识,认识音乐的社会功能,理解音乐与社会生活的关系。

二、学科课程年段目标

各个学段孩子都有独特的生长特点,一、二、三年段的学生以形象思维为主且具有好奇、好动、模仿力强的身心特点,教师要善于利用儿童的自然嗓音和灵巧形体,采用歌、舞、图片、游戏等相结合的综合手段,进行直观教学。聆听音乐的材料要短小有趣,形象鲜明。四、五、六年段的学生随着生活范围和认知领域进一步扩展,体验感受与探索创造的活动能力增强。教师应注意引导学生对音乐的整体感受,丰富教学曲目的体裁、形式,增加合唱、乐器演奏及音乐创造活动的分量,以生动活泼的教学形式和艺术魅力吸引学生(见表4-1)。

表 4-1 "悦雅音乐"课程目标表

学段	第一单元	第二单元	第三单元	第四单元
一年级上册	跟随音乐、歌曲、歌谣稳定击拍,能用身体或打击乐器表现恒拍感。	1. 听听声音的高低《青蛙合唱》。 2. 感知音的高低1《★布谷叫春天到》。 3. 感知音乐力度1《是谁在敲》。 4. 感知音的高低2《左手右手》。 5. 吟唱古诗词《咏鹅》。	唱出歌曲的乐感。	乐器演奏《小兔子乖乖》。
一年级下册	认知二拍子,表现二拍子拍感。	1. 感知音的高低3《小铃铛》《★瑶家儿童爱唱歌》。 2. 感知音乐节拍1《小毛驴》。 3. 感知音乐节拍1《划船比赛》。 4. 感知音的高低4《牧童谣》。	感知乐句的相同与不同。	管弦乐曲《小鸭和大灰狼》。
二年级上册	认知节奏 X、XX,O,X-,能从旋律中分离节奏,能正确拍读2—4小节四二拍节奏谱。	1. 感知音的高低5《小星星》。 2. 认知音乐节奏2《★恰利利恰利》。 3. 认知音乐节奏3《小花雀》。 4. 吟唱古诗词《★悯农》。	进行简单的口头创编。	管弦乐曲《狮王进行曲》。
二年级下册	知道拍号、小节线、双小节线;能用节奏卡片摆出1—2小节四二拍节奏短句。	1. 感知音乐力度2《勇敢的鄂伦春》。 2. 感知音的高低6《音阶歌》。 3. 认知音的时值1《野兔饿了》。 4. 认知音的时值2《多年以前》。 5. 重温学过的音高与节奏《降落伞》。	进行简单的口头创编。	1. 感知音乐中的速度1《广东民歌》。 2. 小提琴独奏曲《月光光》《新春乐》。
三年级上册	感知速度快慢,力度强弱,认识 f, p。	1. 感知音乐中的旋律1《我们大家跳起来》。 2. 多彩的乡音1《★捕鱼歌》。 3. 《金孔雀轻轻跳》。	1. 唱出歌曲的句感。 2. 感知乐句的相同与不同。 3. 进行简单的口头创编。	1. 民乐合奏《快乐的啰嗦》。 2. 感知音乐中的速度2管弦乐曲《乌龟》。 3. 歌剧《地狱中的奥菲欧》序曲。

116

续 表

学段	第一单元	第二单元	第三单元	第四单元
三年级下册	在演唱或听赏音乐时能够准确拍击稳定拍。	1. 认知音的时值1《英雄凯旋歌》。 2. 多彩的乡音2《凤阳花鼓》。 3. 感知音乐节拍2《送别》。 4. 感知音乐中的旋律2《★丰收之歌》。	1. 唱出歌曲的句感。 2. 感知乐句的相同与不同。 3. 进行简单的口头创编。	1. 二胡独奏曲《空山鸟语》。 2. 《★保卫黄河》。 3. 京剧丑角的念白《报灯名》。
四年级上册	认知三拍子,能用身体或打击乐器或指挥图式表现二拍子与三拍子拍感。	1. 认知音的时值3《小白船》。 2. 多彩的乡音3《浏阳河》。 3. 多彩的乡音3《小小鲤鱼粉红腮》。 4. 《★剪羊毛》。	1. 准确进行乐句接唱。 2. 辨识歌曲乐句的相同、不同、相似。	1. 人声的分类(童声/男声/女声,高音/中音/低音)。 2. 《动物狂欢节组曲》——《引子与狮王进行曲》。
四年级下册	认知三拍子,能用身体或打击乐器或指挥图式表现二拍子与三拍子拍感。	1. 多彩的乡音4《★茉莉花》。 2. 认知音乐节奏4《小小少年》。 3. 感知音乐中的旋律3《西风的话》。 4. 感知音乐节拍3《什么船儿》。	1. 准确进行乐句接唱。 2. 辨识歌曲乐句的相同、不同、相似。	1. 音乐中的动与静《春江花月夜》(民族管弦乐)《百鸟朝凤》片段(唢呐)。 2. 乐曲《查尔达斯舞曲》片段/大号独奏曲《查尔达斯舞曲》。
五年级上册	巩固 X,XX,O,X-,能从旋律中分离节奏,能用节奏卡片摆出或书写出 2—4 小节四二拍或四三拍节奏短句。	1. 感知音乐节拍4《★土拨鼠》。 2. 感知音乐中的旋律4《★青年友谊圆舞曲》。 3. 不同色调的音乐《妈妈之歌》。 4. 多彩的乡音5《鸿雁》。 5. 咏唱古诗词《★春晓》《读唐诗》。	感知问句与答句的节奏,进行旋律的口头、书写创编。	1. 《小号与弦乐》。 2. 五彩缤纷音色世界3《牧童短笛》等四首乐曲片段。 3. 音乐家1《惊愕交响曲》第二乐章主题和变奏。

续 表

学段	第一单元	第二单元	第三单元	第四单元
五年级下册	巩固 X, XX, O, X -, 十六分音符、认知附点音符、切分音符等节奏、能从旋律中分离节奏，能用节奏卡片摆出或书写出 2—4 小节四二拍或四三拍节奏短句。	1. 认知音乐节奏5《蜗牛与黄鹂鸟》。 2. 感知音乐中的旋律5《夏日泛舟海上》。 3. 音乐家2《摇篮曲》。 4. 《★猫头鹰与杜鹃的二重唱》。 5. 认知音乐节奏。 6. 《★前进，快乐的少先队员》。	感知问句与答句的节奏，进行旋律的口头、书写创编。	1. 交响音画《在中亚细亚草原上》。 2. 声乐的演唱形式（独唱/重唱/对唱/合唱）。 3. 五彩缤纷音色世界 4 器乐曲《鸭子拌嘴》（民间打击乐器）。
六年级上册	1. 知道节拍与节奏的关系。在演唱或听赏音乐时能够准确拍击稳定拍。 2. 认知四拍子，能用多种形式表现二拍子、三拍子、四拍子拍感。	1. 不同风格的台湾民谣《月亮月光光》《★放纸鹞》。 2. 《★乘着歌声的翅膀》。 3. 多彩的乡音6《盼红军》。	1. 能分析经典的一段体作品。 2. 进行 4—8 小节即兴创编。	1. 音乐的风格《秧歌舞曲》《D 大调小步舞曲》。 2. 五彩缤纷音色世界 5《梅花三弄》《渔舟唱晚》。 3. 音乐家3《第九（合唱）交响曲》第四乐章片段（贝多芬）。
六年级下册	1. 知道节拍与节奏的关系。在演唱或听赏音乐时能够准确拍击稳定拍。 2. 认知四拍子，能用多种形式表现二拍子、三拍子、四拍子拍感。	1. 不同风格的合唱曲《七色光之歌》。 2. 不同风格的合唱曲《八只小鹅》。 3. 音乐家 4《野玫瑰》。	1. 能分析经典的一段体作品。 2. 进行 4—8 小节即兴创编。	1. 名曲欣赏《黄河大合唱》。 2. 管弦乐曲《溜冰圆舞曲》。 3. 五彩缤纷音色世界 6 管弦乐曲《卡门序曲》。

第三节 以丰富的课程感染儿童

课程结构是课程目标转化为教育成果的纽带,是课程实施活动顺利开展的依据,基于"悦雅音乐"的课程哲学和目标,我们设置了一系列课程以提高孩子的音乐核心素养,让"悦雅音乐"的种子真正地在孩子心中落地、发芽。

一、学科课程结构

《义务教育艺术课程标准(2022年版)》指出:课程内容从"欣赏""表现""创造""联系/融合"四个方面提出要求。[①] 基于对课程标准的解读,我们通过"悦雅欣赏""悦雅表现""悦雅创造""悦雅文化"四大板块整体建构"悦雅音乐"学科建设群,致力于让每一个生命以最美的方式绽放。"悦雅音乐"学科课程结构如下(见图4-1):

图4-1 课程结构图

---

① 中华人民共和国教育部.义务教育艺术课程标准(2022年版)[S].北京:北京师范大学出版社,2022:14.

具体内涵如下:

(一) 悦雅欣赏

悦雅欣赏是重要的音乐学习领域,是整个音乐学习活动的基础,是培养学生音乐审美能力的有效途径。良好的音乐感受能力与鉴赏能力的形成,对于丰富情感、提高文化素养、增进身心健康具有重要意义。教师在教学过程中应激发学生听赏音乐的兴趣,使其养成聆听音乐的良好习惯,逐步积累鉴赏音乐的经验。教师应采用多种形式引导学生积极参与音乐体验,鼓励学生对所听音乐形成独立的感受与见解,帮助学生建立起音乐与人生的密切联系,为终身学习和享受音乐奠定基础。

(二) 悦雅表现

悦雅表现是实践性很强的音乐学习领域,是学习音乐的基础性内容,是培养学生音乐表现能力和审美能力的重要途径。教学中应注意培养学生自信演唱演奏的能力,以及综合性艺术表演能力,发展学生的表演潜能及创造性潜能,使学生能用音乐的形式表达个人的情感,并与他人沟通、融洽感情。在音乐实践活动中使学生享受到情感的陶冶。

(三) 悦雅创造

悦雅创造是发挥学生想象力和思维潜能的音乐学习领域,是学生积累音乐创作经验和发展创造思维能力的过程和手段,对于培养具有实践能力的创新人才具有十分重要的意义。音乐创造包括两类音乐学习:其一是与音乐有关的,发掘学生潜能的即兴创作;其二是应用音乐材料创作音乐。第二类内容与音乐创造有关,但区别于专业创作学习。

(四) 悦雅文化

悦雅文化是音乐课人文学科属性的集中体现,是直接增进学生文化素养的学习领域。它有助于扩大学生音乐文化事业,促进学生对音乐的体验和感受,提高学生鉴赏、表现、创造以及艺术审美的能力。它虽然在某些方面有自己相对独立的教学内容,但在更多的情况下蕴含在音乐鉴赏表现和创造活动之中。为此这一领域教学目标的实现应通过具体的音乐作品和生动的音乐实践活动来完成。

二、学科课程设置

根据新课标的要求,再结合本校的具体情况,我校开设了丰富的音乐课程。除学科基础课程以外,我校"悦雅音乐"学科课程设置如下表(见表 4-2):

表4-2 "悦雅音乐"课程设置表

年级	课程	拓展课程				
		悦雅欣赏	悦雅表现	悦雅创造	悦雅文化
一年级	上 下	七彩音符(一)	森林里的动物	变废为宝	好听的动画片
二年级	上 下	七彩音符(二)	五个朋友在一起	小老鼠上台阶	好听的古诗词
三年级	上 下	七彩音符(三)	我是小小演奏家	小小导演(一)	多彩的乡音
四年级	上 下	美妙的民乐	合唱的魅力	小小导演(二)	我的中国梦
五年级	上 下	西方室内乐	动人的舞姿	小小作曲家(一)	美好的电影音乐
六年级	上 下	古典之声	舞台剧之夜	小小作曲家(二)	音乐与戏剧

三、学科课程内容

"悦雅音乐"根据课程标准和学校实际情况,从模仿、编创、表演、欣赏四个方向开设课程;根据学生不同年龄段的审美特点,以年级为单位开展丰富有趣、循序渐进的课程(见表4-3)。

表4-3 "悦雅音乐"课程内容表

年级	课程领域	课程名称	课程内容	课程目标
一年级	悦雅欣赏	七彩的音符(一)	通过音符小游戏及运用,能唱准do, re, mi, sol四个音。	消除学生对学习音高的恐惧,激发学习音乐的兴趣。

续 表

年级	课程领域	课程名称	课程内容	课程目标
	悦雅表现	森林里的动物	通过模仿森林动物的叫声,让学生感知基本的音乐要素。	能够形象地模仿出动物的动作和声音,能分辨音色、音高和力度。
	悦雅创造	变废为宝	将无用的"废品"改造成小乐器,为课本上的歌曲伴奏。	通过自制小乐器,激发学生对于演奏的兴趣。同时通过乐器演奏所发出的声音和节奏,能进一步提高学生对节奏的敏感度。
	悦雅文化	好听的动画片	通过放动画片,听唱动画片里的主题曲。	让学生能够更加大胆地表现,通过动画片这种载体激发学生唱歌时情感的流露。
二年级	悦雅欣赏	七彩的音符(二)	通过音符小游戏及运用,能唱准 do,re,mi,sol,la 五个音。	消除学生对学习音高的恐惧,激发学习音乐的兴趣。
	悦雅表现	五个朋友在一起	使用 do,re,mi,sol,la 编创旋律,自己创作简单的无节奏歌曲,在班级开音乐会表演。	从最简单的无节奏旋律编创开始,使学生不光能唱准音,还能运用这些音编创旋律,为高年级的作曲做准备。
	悦雅创造	小老鼠上台阶	将生活小场景、小故事、大自然等,用音乐和表演的形式表现出来。	对表演和创作有兴趣,留心周围事物,采集生活中的旋律,发掘学生的创作能力和表现能力。
	悦雅文化	好听的古诗词	收集好听的古诗词歌曲,学唱并编配合适的动作。	与语文学科结合,学科融合有利于学生学习得更加全面。

续　表

年级	课程领域	课程名称	课程内容	课程目标
三年级	悦雅欣赏	七彩的音符（三）	通过音符小游戏及运用，能唱准 do, re, mi, fa, sol, la, ti 七个音。	音高是音乐之本，尽早掌握音高，为中、高年级丰富的音乐课程提供基础。
三年级	悦雅表现	我是小小演奏家	自学一门小乐器，或者自己创造一件乐器，进行表演。	学生演奏乐器，享受音乐之美，激发学生对于演奏的兴趣。同时通过乐器演奏所发出的声音和节奏，提升学生的审美和演奏能力。
三年级	悦雅创造	小小导演（一）	根据书本上的歌曲内容，编创一个小音乐剧。	使学生对"编导"有初步了解，通过对课本歌曲的编创，激发学生的想象力，提高学生的音乐素养。
三年级	悦雅文化	多彩的乡音	学唱一首风格明显的地方民歌。	音乐与其他学科融合，通过演唱不同风格的民歌，让学生了解中国之大，激发学生的爱国之情。
四年级	悦雅欣赏	美妙的民乐	通过学唱民歌和听民族乐曲的方式，了解民族乐器，了解五声调式。	了解中华民族的音乐精华，激发学生的爱国之情。
四年级	悦雅表现	合唱的魅力	以班级为单位，学唱一首合唱歌曲。	让学生感受"合唱"这种演唱形式的美，了解合唱的艺术特点。
四年级	悦雅创造	小小导演（二）	根据书本上的歌曲内容，编创一个小音乐剧。	作为第二学期的课程，要更加深入地让学生了解"编导"的工作和任务，使学生对编创有个初步的认识。

续 表

年级	课程领域	课程名称	课程内容	课程目标
	悦雅文化	我的中国梦	学习一首爱国歌曲,并和同学分享歌曲背后的故事。	通过学唱歌曲并深究歌曲背后的故事,使学生了解我们祖国的历史,激发学生的爱国情。
五年级	悦雅欣赏	西方室内乐	听西方室内乐的作品,了解室内乐的演奏形式。	使学生了解西方室内乐的相关知识,为后期的交响乐课程提供基础。
	悦雅表现	动人的舞姿	学习简单的民族舞动作,并以小组为单位展示。	音乐除了演唱和演奏,形体的训练也非常重要。
	悦雅创造	小小作曲家(一)	用专业的作曲技法,编写简单的旋律。	经过八个学期的铺垫,学生对于音高、节奏、编创都有了一定的基础,再结合一些专业的作曲技法,提高学生的编创能力。
	悦雅文化	美妙的电影音乐	听电影音乐,进行分享。	之前学习的专业作曲技法,通过这个课程能灵活运用。通过欣赏、分析电影歌曲,提高学生的审美水平。
六年级	悦雅欣赏	古典之声	欣赏西方交响乐,学习交响乐知识。	了解交响乐的相关知识,丰富学生的音乐素养。
	悦雅表现	舞台剧之夜	以班级为单位,改编一幕音乐剧,并进行表演。	利用之前学习的知识和技能,再结合优秀的音乐剧模仿,使学生的编创表演能力有一个质的飞跃。

续 表

年级	课程领域	课程名称	课程内容	课程目标
	悦雅创造	小小作曲家（二）	用专业的作曲技法，编写复发的旋律。	经过十个学期的铺垫，学生对于音高、节奏、编创都有了一定的基础，再结合一些专业的作曲技法，提高学生的编创能力。
	悦雅文化	音乐与戏剧	欣赏歌剧	歌剧是西方音乐发展的集中体现，是融合了多种西方艺术的综合表演形式。了解歌剧的相关知识，能丰富学生的音乐素养。

第四节　以开放的课程延伸音乐素养

为了进一步推进素质教育,丰富学校的内涵,开展特色课程,提升学生对音乐的修养,"悦雅音乐"学科课程的实施主要从以下几个方面入手:

一、建构"悦雅课堂",提升音乐课程品质

我校"悦雅音乐"课程包括欣赏音乐、感受音乐、表现音乐等内容。通过课堂教学、课外拓展等方式让学生充分体验音乐的美和蕴含于其中的丰富情感,拓展学生的音乐文化视野,促进个性的发展。落实到音乐课程中,体现的是音乐学科"自主、探究、创新、合作"的课程目标。

(一)"悦雅课堂"的实践操作

在原有的课堂文化基础上,学科老师进行了课堂教学文化的重新调整,满足学生对音乐的不同兴趣爱好和特长需求,致力于创设"悦雅课堂"的特质,更多地关注学科核心素养,体现了欣赏、表现、创造、联系,进一步明确音乐学科课堂建设的方向。

首先,近代教学理论的奠基人夸美纽斯提出,教学必须适应自然规律,应与儿童天赋的自然力相适应。20世纪50年代,瑞士的心理学家皮亚杰从结构心理学观点出发,认为教育应思考儿童自身思维的结构特点和心理发展阶段性,在不同的年龄阶段用不同的形式进行教学。在各国学科教学论的研究上,我们发现大家普遍重视"自然发展"的教育理论,主张教学要适应儿童发展的自然规律。

其次,达尔克洛兹的"体态律动"学说,奥尔夫、柯达伊的教学体系,铃木的教学法,以及美国的综合感教育,都具有"自然发展法"教育理论的共同特点。他们从儿童、青少年"好动、好玩"的心理特点出发,结合学生已有的生活经验,从节奏入手,以语言、动作、舞蹈、音乐游戏等方式训练学生的音乐节奏感,引导学生用自己的身体动作、表演、画图画等形式去解释、再现音乐,从而挖掘学生的创造力。

再次,真正的教育并非关于事物的学习,而是对事物的体验,音乐本身包括了表达、交流、创造等意义,那么音乐过程就意味着让学生到音乐活动中去体验表达和创造

的经验,探索并发现音乐的意义所在。教师要通过充满情感的形象打动学生,动之以情,晓之以理,达到提高学生审美能力的目的,陶冶学生情操,净化学生心灵。由此"激发、体验、创造"教学模式强调学生主动地对所学学科的全面探索,让学生以最自然的方式进入音乐实践活动中,保持学生对音乐的好奇心、求知欲、敏感性、想象力,从而获得完整和全面的音乐享受。

1. 生动与主动

教学形式生动,教学内容设计生动,教学手段与方法生动。儿童和青少年天性好动,把具有"动"的特征的音乐,施教于好动的儿童及青少年,使其身体动,配合着音乐动,使枯燥的基本训练变得生动活泼,引起学生的兴趣,并积极主动地参与其中,使学生的潜能得到充分的展开。

2. 传授与创造

教师将人类社会长期积累起来的音乐文化知识和技能技巧传授给学生,把知识、技能和发展智力、能力统一起来。其中创造力是更高的要求,更能表现学生的个性发展。教师要注重创造力的培养,尤其是学生的即兴创作活动。作为审美为核心的音乐教学,创造性是审美教育的重要特征,创造力要贯穿于审美教育的始终。

3. 情感性

课堂音乐教学成功的前提和关键因素是建立一种融洽、和谐、民主、平等的师生关系,要做到以情激情,以情育人,在师生情感交融中愉快地完成音乐学习任务。

(二)"悦雅课堂"的评价标准

《义务教育艺术课程标准(2022年版)》对教学评价提出了新的要求:要充分发挥评价的诊断、激励和改善功能,促进学生发展。[1]

1. 多用活动式评价

活动式评价主要关注学生在平时课堂上的表现度与参与度。在小学高年段的音乐课堂中,老师经常会遇到学生学习兴趣不浓、积极性普遍不高等现象。面对这种情况,我们可以采取"小组音乐课堂平时成绩记录单"的方式,鼓励学生参与到音乐课堂中来,同时也能通过小组管束学生的纪律。通过学期前规定好的各种加分或扣分细

---

[1] 中华人民共和国教育部. 义务教育艺术课程标准(2022年版)[S]. 北京:北京师范大学出版社,2022:114.

则,每位组员都清楚在音乐课上什么该做,什么不该做。这样,每节课后得分多的小组情绪高涨,得分较少的小组会感觉自我不足并反省。长此以往,课堂上消极怠工的学生就少了,开小差的学生往往只需老师一个眼神就马上能收心,老师与学生交流的时间也会更多,即时评价效果会更好。

2. 善用激励性评价

"人性最深层的需求就是渴望别人欣赏和赞美",对小学生来说更是如此。学生从他人的评价中能得到满足、自信和鼓舞,从而不断获得继续前进的动力,形成良性循环。比如我校教师在执教四年级音乐《快乐的铁匠》一课中,在处理歌曲的情绪时采用了以下评价方法。

(1) 教师弹奏两条拟声节奏,请学生边听边感受:哪个敲打的节奏更像是老铁匠?

(2) 听辨之后,请学生反馈自己的见解(生1认为第一条节奏,生2认为第二条节奏)。

(3) 师:两位同学都能提出自己的见解,真不错!但正确的答案只有一个。那我们大家自己再拍一拍,看看到底哪一条节奏更适合欢快的情绪呢?(学生自由尝试并选择出第二条节奏)

在此环节的处理过程中,面对学生的不同选择,老师并没有草率评价为"第二种欢快些,不应该是第一种!"而是首先肯定了学生的积极思考,又引导学生进行二次尝试和选择。这样的评价方式,既保护了生1的自尊心,激励生2继续努力,又在实践活动中让学生做出了正确的选择,提高了学生自主探究学习的主动性。

二、拓展"悦雅课程",丰富音乐课程体系

新体系音乐课程的编写以新体系教育教学理念为纲,教师要遵守教育的规律和音乐的本质,以学生为本,以素质教育为重,从引起音乐兴趣,引发学生积极情绪价值到养成音乐爱好,掌握音乐情感体验的经验。该课程由浅入深,循序渐进,从童谣、舞蹈、民乐、器乐等音乐元素和音乐情绪、音乐情感入手,使学生在每节课中获得情感体验,积累音乐经验,培养学生的音乐情感表达能力。

(一)"悦雅课程"的实践操作

根据各个年龄段、各个年级学生音乐知识结构的不同,音乐组全体老师进行了研究与探讨,结合自身的专业特点,设置如下校本拓展性课程。

1. 一年级"悦雅音乐"拓展性课程

一年级学生对儿歌熟悉,大部分学生对音乐的学习积极性非常高,爱表现,教师可在课程中设置有趣的游戏,激发学生学习兴趣的同时,使他们掌握音乐小知识。

我们的课程以拓展音乐中的声音变化来设计,如《唐老伯的小农场》,学生可根据农场里的小动物,进行角色扮演,陆续出场后,模仿其叫声,在此游戏环节中注意声音的由弱到强,并在游戏中认识强弱符号"f""p"。

2. 二年级"悦雅音乐"拓展性课程

二年级学生对音乐的节奏、乐谱有一定的认识,有较浅的音乐基础,教师可在课程设置中注重音乐知识的运用,并抓住其爱表演的特点,掌握音高。

我们的课程以拓展音乐中的音符朋友来设计,如歌曲《五声歌》中唱的五个音符,让学生作为小音符进行表演,无论音符在哪里,都能找到属于自己的朋友,其目的在于巩固音符的音高。

3. 三年级"悦雅音乐"拓展性课程

三年级的学生对乐器会有浓厚的兴趣,班级中有民乐队的学生,对部分乐器并不陌生,教师可抓住其特点,在课程中设置小小导演来创设课堂的活跃性,并邀请学生作为演奏家进行展示。

我们的课程以拓展民乐进课堂为设计,如欣赏古筝曲《渔舟唱晚》,通过欣赏民乐让学生了解中国的民族音乐文化,了解古筝,并亲眼目睹古筝形状,了解其声音的产生,现场请学生弹奏,激发他们对民乐的学习兴趣。

4. 四年级"悦雅音乐"拓展性课程

四年级学生对歌唱声音有了一定的要求,知道什么是好听的,音准对每位学生也有了要求,于是声部的划分就是必不可少的课堂练习,加入了合唱的欣赏与表现,课堂也变得不那么单调乏味。

我们的课程以拓展音乐中无伴奏合唱《牧歌》为设计,通过欣赏合唱,让学生感受合唱的魅力,了解多声部合唱,并在歌曲中选取其 8 小节先进行一声部,逐步叠加二声部、三声部进去,使音乐更丰满,同时让学生在训练中掌握音准与合作的力量。

5. 五年级"悦雅音乐"拓展性课程

五年级学生对西方音乐并不陌生,经过现阶段的学习,有的学生在课余时间还学习了管乐与弦乐,通过课程设置让学生更深入地了解西方音乐文化,有自我展示的机会。

我们的课程以拓展音乐中的名曲欣赏为设计,通过欣赏室内乐《花之圆舞曲》等一系列的西方音乐,让学生感受不同文化背景下音乐创作的背景及手法,了解西洋乐的发展史,知道不同乐器所发出的不同音色,在学生展示自己吹奏的曲目时,同时介绍出其曲目表达的基本曲义。

6. 六年级"悦雅音乐"拓展性课程

六年级学生对戏剧产生了极为浓厚的兴趣,通过欣赏儿童剧,也引发了学生的创作表演热情,大家自编自导出自己喜爱的有趣的校园情景剧。

我们的课程以拓展音乐中的戏剧为设计,通过欣赏儿童歌舞剧《发图姑娘》,引发学生对戏剧的兴趣,教师在课堂中引导学生分析人物性格、表现手法及舞台剧的台词表达,让学生模仿剧中人物说台词,达到眼神、动作、台词的一致,在讨论中不断升华,激发学生的表演兴趣及创作热情,从而为学生进一步学习戏剧奠定基础。

(二)"悦雅课程"的评价标准

为了在音乐课中运用好的评价手段来促进音乐教学的进行,我们突出评价的发展性功能,"悦雅课程"对学生学习的评价,主要从培养学生兴趣爱好出发,在教学过程中多方面、多方式、多层次地进行,让评价增加学生学习的动力,提高学生的学习兴趣和动机,让评价真正在音乐中起飞。

扬长避短,找准正面评价的时机。小学音乐教学往往是由音乐知识、学唱歌曲、音乐游戏、唱游表演、乐曲等若干环节优化组合而成。而每位学生的音乐天赋、能力都有差异,有的学生唱歌条件好些,有的舞蹈好些,教师要注意引导学生扬长避短,关注学生的一切表现,随时随地发现、挖掘他们的优点,适时适地的给予学生鼓励、评价。学生在课堂中从老师的及时评价中得到满足、自信和鼓舞,从而不断获得继续前进的动力,以此形成良性循环。评价的形式如下:

1. 课堂激励性评价

"人性最深层的需求就是渴望别人欣赏和赞美。"小学生更是如此,因此,在课堂上注重即时、针对、以鼓励为主的评价反馈。如课堂中老师请学生回答《送别》这首歌该如何换气。生1回答,一小节换一口气。生2回答,两小节换一口气。老师可能会评价两小节换一口气是对的,不应该是一小节换一口气!这样的评价司空见惯,但这种方式也许会给第一个学生带来一点点伤害,也许学生从此不愿意再举手回答问题了。

如果教学者注意一下语言艺术，换一种说法比如："两位同学都提出了自己的见解，真不错！那我们大家一起来试试，看看哪一种方法会更适合这首歌。"这样的评价首先肯定了学生能提出自己的见解，再要求学生通过自己的尝试与感受来体会哪一种方法更好。这既保护了学生的自尊心，又引导学生自己去探究、学习，这种评价会带领学生用优秀的方法学习，让他们更积极地去探索。正如新课标所说，课堂评价能激发学生学习积极性，同时指出存在问题，帮助学生改进学习。

2. 实践活动式评价

音乐学科是一门实践性很强的学科，学生的音乐能力和水平只有在音乐活动中才能全面体现。每个人都有擅长或不擅长的方面，不可能样样都出色。在音乐课堂教学中，如果教师以实践活动评价学生，就可以发挥学生自己的潜能。因此，我们在音乐室的墙上设计了一些栏目，有"明星榜""小百灵""我是最佳小乐手""表演小能手"等，让学生各尽所能，找到自己努力的目标。唱歌较好的同学争上"百灵榜"，而那些"五音不全"、节奏感差些的同学也能在"表演榜"上找到位置。最后再通过课堂教学中的一系列实践活动进行多角度的评价（如表4-4）。

表4-4 "悦雅音乐"课堂评价标准表

划分标准 \ 等级	优 完全达到	良 基本达到	合格 部分达到	待合格 少量达到或未达到
课堂表现20分	1. 注重学生参与学习活动的积极性和纪律性。 2. 活动中的认真态度及团队意识。			
	20—18分	17—14分	13—12分	12分以下
学习质量20分	1. 制定文本型"成就记录"，提供给学生判断自己的成果。 2. 深入发掘学生的音乐个性特长和潜能，给予引导。			
	20—18分	17—14分	13—12分	12分以下
音乐表现20分	1. 运用多角度评价方式。 2. 提出需要进一步努力的发展方向。			
	20—18分	17—14分	13—12分	12分以下

续表

划分标准 \ 等级	优 完全达到	良 基本达到	合格 部分达到	待合格 少量达到或未达到
音乐基础理论 20 分	1. 结合实际情况,对基础理论测试进行评定。 2. 学期中和学期末各设一次。			
	20—18 分	17—14 分	13—12 分	12 分以下
实践成果 20 分	由任课老师根据记录与收集学生学习期间具体活动成果的质量进行等级性评定。			
	20—18 分	17—14 分	13—12 分	12 分以下
总评	A:100—90 分	B:89—70 分	C:69—60 分	D:60 分以下

三、举办"悦雅音乐节",浓郁音乐课堂气氛

围绕"悦雅课堂",我们还设立了丰富多彩的"悦雅音乐节",包括"悦雅合唱节""悦雅舞蹈节""悦雅器乐节""悦雅戏剧节"等。通过丰富多彩的"悦雅音乐节"活动,可以拓展学生音乐的学习视野,创新音乐课程的实施方式,激发学生的音乐学习兴趣,丰富学生的艺术实践经历,同时推进校园文化课程的进一步实施。

(一)"悦雅音乐节"的活动设计

1. 1—6 年级"悦雅好声音"十佳歌手选拔赛

十佳歌手比赛要求:本次选拔赛设个人及团体赛,分为低年级段(1—3 年级)、高年级段(4—6 年级)两个组别。比赛分为班级海选、年级组复赛及校级决赛。活动要求内容积极向上,服装统一,团体人数不多于 20 人,时长不超过 5 分钟。

2. 1—6 年级"悦雅寻找闪亮的你"器乐、舞蹈大赛

器乐、舞蹈比赛要求:本次选拔赛设个人及团体赛,分为低年级段(1—3 年级)、高年级段(4—6 年级)两个组别。比赛分为班级海选、年级组复赛及校级决赛。活动要求内容积极向上,服装得体,每组人数不少于 10 人,时长不超过 5 分钟,伴奏音乐需MP3 格式。

3. 1—6年级"悦雅戏剧节"语言艺术比赛

语言艺术比赛要求:内容健康向上,允许二次创作,选手必须脱稿,节目时间控制在4—6分钟。

(二)"悦雅音乐节"的评价标准

1. 1—6年级"悦雅好声音"十佳歌手选拔赛评价要求

精神饱满、富有朝气、台风好、上下台纪律良好,行动整齐,服装整齐,尽量统一(2分)。编排有特色,舞台表演准确、恰当,表现形式富有创意(2.5分)。演唱节奏整齐、音准正确、音色统一(3分)。能够准确把握歌曲主题,具有良好感染力(2.5分)。

2. 1—6年级"悦雅寻找闪亮的你"器乐、舞蹈大赛评价要求

舞蹈:表演者精神饱满、台风端正、现场反应良好,如遇突发情况处理得当。对舞蹈音乐的理解准确,舞蹈动作吻合音乐旋律,有节奏感。舞蹈表演具有时代感,能抒发健康情怀,展现舞者风采。舞蹈整体编排具有合理性、连贯性、完整性。舞蹈的编排、表演形式新颖有创意。

器乐:节奏准确,能完整演奏乐曲(3分)。演奏技巧娴熟,乐曲抑扬顿挫,艺术性强(3分)。表演性强,演、奏结合,并收到良好的艺术效果(3分)。准备充足,服装整齐统一(1分)。

3. 1—6年级"悦雅戏剧节"语言艺术比赛评价要求

会表达,能围绕一个主题,突出中心、语言得体,普通话标准,吐字清晰,语速适当,声音洪亮且富有情感。

四、创设"悦雅音乐社团",发展音乐学习兴趣

为了丰富校园音乐文化建设,学校成立了各类具有特色的"悦雅音乐社团",如"乐舞飞扬、童筝唱响、微笑合唱、金点点戏剧"等,这些优质的音乐学习社团为学生们提供了多样化、个性化的自由展示空间,让他们张扬个性,尽情享受音乐学习带来的快乐。

(一)"悦雅音乐社团"的活动设计

1. 乐舞飞扬

教师通过舞蹈的教学,培养学生注重加强形体美的展示,同时注重内在美。在培养学生的体力、协调性、乐感的同时,也加强了学生对合作意识的理解,使同学之间的

合作更加默契。舞蹈社团坚持普及与提高相结合的原则，面向全体学生，做到在普及的基础上提高。在活动过程中，教师会精心组织，实施分层指导，并采取多种形式，因材施教，因人而异，让学生从舞蹈中汲取灵感，将舞蹈的思维方式渗透到自己的生活乃至学习中。

2. 童筝唱响

民乐社团以"以乐养性情，以乐开眼界"为宗旨，营造良好的中华艺术校园文化氛围。社团是以宣传音乐文化，提高学生音乐感受力和鉴赏力，丰富校园文化生活为目的的团体，旨在培养学生积极向上的生活态度以及树立正确的人生价值观。我校古筝社团自成立以来，在指导教师以及学生们的努力下，曾多次在我校各种活动中为来宾、家长以及师生带来精彩的表演。

3. 微笑合唱

合唱艺术一直是人类音乐文化宝库中的一颗明珠，为了提高学生健康的审美和良好的艺术修养，合唱社团活动作为学校课堂教学的延伸，已经成为小学艺术课程教学的一部分。在老师们的带领下，学生通过有计划的学习，有目的的训练，综合素质及艺术修养得到了较大的提升，演唱技巧和基本技能有了长足的进步，合唱队的整体素质得到巩固、充实，演唱水平不断提高，逐渐形成了一种优雅、和谐的演唱风格，也较好地丰富了课余文化生活。

每次活动，将40几位同学分成两个或以上声部，并且对声部分别进行了声音训练。高声部需要更多头声，通过哼鸣训练，让学生感受到声音从头顶发出的奇妙。低声部需要更多胸声，用中低音区的短音阶进行训练，逐渐让学生找到横膈膜放松的感觉，声音竖立和同时被腰部拉住的感觉。针对音准问题，专门进行了音阶模唱训练，通过柯达伊手势，让学生感受音符的高低在我们人身体上的不同部位，从而对音高有更明确、直观的感受和认识。

4. 金点点戏剧

我校金点点戏剧社团，以游戏活动为主，在专业老师的指导下，在玩中学，学中玩。学生通过在剧中扮演不同的角色，培养表演兴趣。学生在游戏中不断提高注意力、观察力、想象力、表现力，乐此不疲，其中校内原创情景剧《爱的晨曲》还获得市级奖项的好成绩。

(二)"悦雅音乐社团"的评价标准

（1）社团活动指导老师及时到位、准时上课，无迟到、早退现象。

（2）每次活动有序，学员及时到课，无在社团教室外逗留现象。

（3）能维持课堂秩序，学生听讲认真安静。

（4）参加社团活动有一定影响，有报道，校级、区级、市级比赛获奖有加分。

（5）成果汇报形式包括展示、展演、汇报，可根据社团特色，自行申报一种，将学生在社团活动中形成的优秀节目进行展示及考评。

五、开展"悦雅活动"，转变音乐的学习方式

"悦雅活动"课程以学生的感受、体验为主，学生的亲自实践，是获取感受、表现、创造相关文化的主要来源。合作的学习精神，能够在实践活动中予以体现，学生在潜移默化中也产生对合作学习的认同与肯定，进而逐渐培养合作意识，这对于学生今后的学习、生活、工作来说，都是极为重要的。

(一)"悦雅活动"的设计

小组合作学习是一种长效的学习机制，在"悦雅活动"中主要体现在以组长带头进行小组合作式歌曲的编创、乐器演奏的编排、合唱队的小指挥、戏剧表演的导演等实践体验。

(二)"悦雅活动"的评价标准

表 4-5 "悦雅活动"评价表

活动内容	评价标准	评价等级 优	评价等级 良	评价等级 合格
歌曲编创	即兴创编与歌曲情绪一致的舞蹈并表演，富有想象力和表现力。			
乐器演奏	选择常用的乐器随音乐配上自己喜欢的伴奏，表达乐曲情绪。			
合唱小指挥	精神饱满，身姿挺拔，节奏、乐感准确且到位。			
戏剧表演	表情自然大方，吐字清晰，富有感染力。			

综上所述,在"悦雅音乐"的引领下,我校教师坚持以生为本,通过发挥主导作用,引导学生在轻松愉悦的教学气氛中思考、学习,从而获取知识,掌握技能。同时,让学生在互动、交流的学习情境中掌握学习的方法,真正做到让学生在轻松、愉快、和谐的课堂环境中得到情感的熏陶,让教师的教学能力和专业素养在教学的过程中得以长进,用动听的旋律陶冶师生的心灵。

(撰稿人:李韵　王唱　矫琦　程殊琦　刘敏)

第五章
乐动体育：在体育运动中享受乐趣

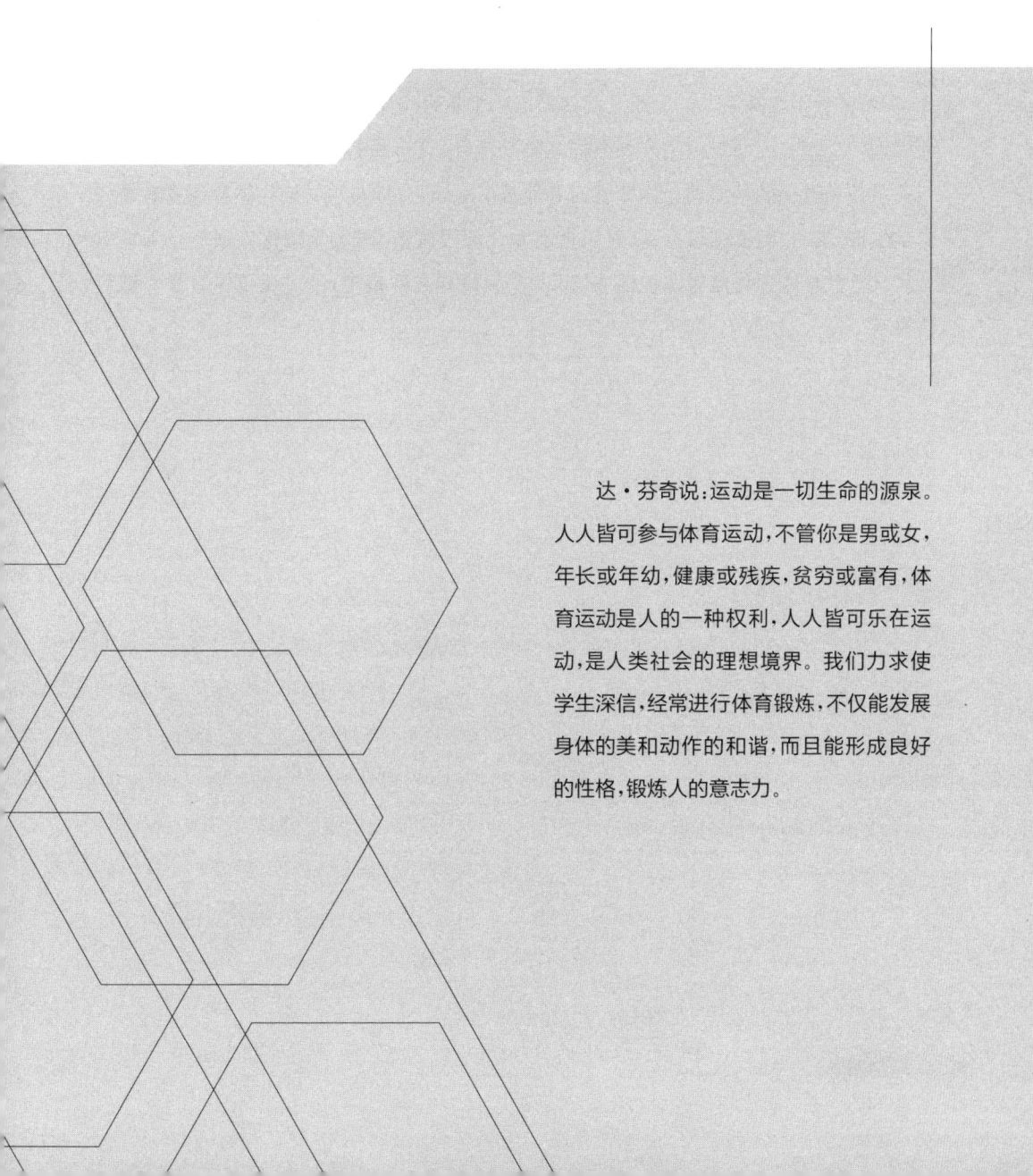

达·芬奇说：运动是一切生命的源泉。人人皆可参与体育运动，不管你是男或女，年长或年幼，健康或残疾，贫穷或富有，体育运动是人的一种权利，人人皆可乐在运动，是人类社会的理想境界。我们力求使学生深信，经常进行体育锻炼，不仅能发展身体的美和动作的和谐，而且能形成良好的性格，锻炼人的意志力。

广州开发区第二小学教育集团体育组,现有教师17人,其中中小学高级教师1人,一级教师3人,二级教师8人,有广州市"百千万名师培养工程"名教师培养对象1人,黄埔区骨干教师3人。广州开发区第二小学教育集团体育教研组,每年开展听课、评课、磨课活动,定期组织和开展教师基本功展评,充分发挥团队合作的力量,积极参与各级各类教育教学活动。体育组的老师基本形成一定的教学风格,体育课堂教学较受学生喜爱。我们依据教育部《关于全面深化课程改革 落实立德树人根本任务的意见》《义务教育体育与健康课程标准(2022年版)》等文件精神,推进我校体育学科课程建设。

第一节　用体育运动锻炼儿童意志品质

体育教学要培养学生的学科核心素养,落实立德树人根本任务,就必须坚持新课程标准的基本理念[①]:

(1) 坚持"健康第一":体育与健康课程要以习近平新时代中国特色社会主义思想为指导,全面贯彻党的教育方针,落实立德树人根本任务,坚持"健康第一"教育理念,以中国学生发展核心素养为引领,重视育体与育心、体育与健康教育相融合,充分体现健身育人本质特征,引导学生形成健康与安全的意识及良好的生活方式,促进学生身心健康、体魄强健、全面发展。

(2) 落实"教会、勤练、常赛":体育与健康课程依据学生的学习需求和兴趣爱好,面向全体学生,落实"教会、勤练、常赛"要求,注重"学、练、赛"一体化教学。坚持课内外有机结合,指导学生学会基本运动技能、体能和专项运动技能,提供更多时间让学生进行充分练习,巩固和运用所学运动知识与技能,参与形式多样的展示或比赛。激发学生参与运动的兴趣,让学生体验运动的魅力,领悟体育的意义,发扬刻苦学练的精神,逐渐养成"校内锻炼 1 小时、校外锻炼 1 小时"的习惯。

(3) 加强课程内容整体设计:体育与健康课程根据学生运动技能形成规律和身心发展规律,整体设计课程内容,体现保证基础、重视多样、关注融合、强调运用等理念。保证学生学习和掌握结构化的基本运动技能、体能、专项运动技能和健康技能等,为学生参与运动和养成健康的生活方式奠定基础;重视系统安排多种运动项目的学练,促进学生形成丰富的运动体验,协调发展运动能力;关注体育与健康教育内容、体能与技能、学练与比赛、体育与其他相关学科等方面的有机融合,提高学生举一反三、融会贯通的能力;强调引导学生将体育与健康知识、技能和方法运用到体育学习、体育锻炼、运动竞赛和日常生活中,增强学生的理解能力和实践能力。

(4) 注重教学方式改革:体育与健康课程根据体育学习实践性和健康教育实用性的特点,强调从"以知识与技能为本"向"以学生发展为本"转变。创设丰富多彩、生动

[①] 中华人民共和国教育部. 义务教育体育与健康课程标准(2022 版)[S]. 北京:北京师范大学出版社, 2022:2—4.

有趣的教学情境,倡导将教师的动作示范、重点讲解与学生的自主学习、合作学习、探究学习有机结合,将集体学练、小组学练与个人学练有机结合,注重将健康教育教学理论讲授、交流互动与实践应用相结合,激发学生的学习热情,帮助学生理解和掌握知识与技能,提高解决体育与健康实际问题的综合能力。

(5) 重视综合性学习评价:体育与健康课程重视学习评价的激励和反馈功能,注重构建评价内容多维、评价方法多样、评价主体多元的评价体系。评价内容围绕核心素养,既关注基本运动技能、体能与专项运动技能,又关注学习态度、进步情况及体育品德;既关注健康基本知识与技能,又关注健康意识和行为养成。评价方法要重视过程性评价与终结性评价结合,定性评价与定量评价结合,相对性评价与绝对性评价结合。评价主体以体育教师为主,鼓励学生、其他学科教师、家长等参与到评价中,同时重视制定明确、具体、可操作的学业质量合格标准,为教师有效教学、学生积极学习及学习评价指明方向。通过综合性学习评价,促进学生达成学习目标,形成核心素养。

(6) 关注学生个体差异:体育与健康课程在高度关注对所有学生进行激励与指导的基础上,针对不同身体条件、运动基础和兴趣爱好的学生因材施教;提出不同的学习目标,选择适宜的教学内容,采用多样的教学方法与学习评价方式,为学生创造公平的学习机会,促进每一位学生产生良好的学练体验,增强学习的自信心,在原有的基础上获得更好发展。具体包含以下几个方面的含义:

一、乐动体育是一种教学模式

现有的体育教学模式有很多,但每种教学模式都是针对解决某一具体问题或几个问题而构建的。乐动体育是一种教学模式,它是针对现阶段体育课堂中学生"动"得不多、"动"得不够、"动"得不悦,体质不强等问题而提出来的,是以健康第一为指导思想,以发展学生体育学科核心素养为指向的教学模式。学生是学习的主体,在体育教学过程中,需要更多地从学生学的角度来思考教学方式,来帮助学生解决体育实践中的问题。体育教学目标的多元性以及学生个体和学习能力的差异性,决定着体育教学模式的多样性。新课程标准鼓励教师与时俱进,开拓创新,运用多样化的教学方式培养学生的创新精神、综合能力和优良品格。因此,乐动体育与其他体育教学模式并不矛盾,也不排斥,而是一种有益的补充,也符合体育与健康课程的要求。

二、教学方式灵活多变

学生是学习的主体，体育教学的重点在于学，一切的教学活动都要围绕学生的学来设计和执行。乐动体育采用以学生学为主、教师指导为辅的教学方法，在不同的学习阶段，根据学生的学习能力、教学目标和教材内容，创设学习和活动情境，合理运用个体学习、小组学习或全班学习的教学组织形式，采用自主、合作和探究的学习方式来组织教学，激发学生学习的主动性，挖掘学生的学习潜能，培养学生的创新意识和能力，提高课堂教学效果。以学为主、导为辅的教学方法，体现以学生学为中心，突出学生的主体地位，避免课堂教学中教师讲得多、学生练得少的现象，给予学生更多的学习时间和空间，引导和激励学生在动中学、动中思、动中乐，在动中发展体育学科核心素养。

三、学生在课堂上乐于运动

乐动体育非常关注学生的"乐"。"乐"是指乐趣、快乐、乐意，既是一种心理感受，也是一种行为态度。"乐"是乐动体育的特点之一，也是乐动体育的首要目的和必然追求。乐动体育从帮助学生在体育学习中享受乐趣入手，根据不同学生的学习能力，设置多变的教学方式和不同的练习要求，帮助学生通过自己的努力取得进步、收获成功，体验成功的乐趣、运动的快感、合作的愉悦，增强学生的自信心。乐动体育不是简单地为乐而乐，而是要让学生在变化的、复杂的体育学习情境中经历磨炼、克服困难并获得进步，深刻体验成功之乐、运动之乐、合作之乐。学生在体育学习中深刻体验成功之乐、运动之乐，这样的乐才有深度，学生才能真正"乐在其中"，积极主动地参与体育学习。学生深刻体验运动的乐趣，理解运动的价值，才能由被动运动向主动运动转变，喜爱体育并健康学习，乐于参与课外体育与健康活动。

第二节　让体育运动丰富儿童文化生活

《义务教育体育与健康课程标准(2022年版)》以习近平新时代中国特色社会主义思想为指导,全面贯彻党的教育方针,遵循教育教学规律,落实立德树人根本任务,发展素质教育。以人民为中心,扎根中国大地办教育。坚持德育为先,提升智育水平,加强体育美育,落实劳动教育。反映时代特征,努力构建具有中国特色、世界水准的义务教育课程体系。聚焦中国学生发展核心素养,培养学生适应未来发展的正确价值观、必备品格和关键能力,引导学生明确人生发展方向,成长为德智体美劳全面发展的社会主义建设者和接班人。[①]

一、学科课程总体目标

通过课程的学习,学生将掌握体育与健康的基础知识、基本技能与方法,增强体能;学会学习和锻炼,发展体育与健康实践和创新能力;体验运动的乐趣和成功,养成体育锻炼的习惯;发展良好的心理品质、合作与交往能力;提高自觉维护健康的意识,基本形成健康的生活方式和积极进取、乐观开朗的人生态度。结合我校实际情况,提出以下体育学科课程目标:

(一)掌握与运用体能和运动技能,提高运动能力

通过体育与健康课程的学习,学生能享受运动乐趣,掌握各种体能的学练方法,积极参与各种体能练习,达到《国家学生体质健康标准(2014年修订)》的相应要求,改善体形,保持良好的身体姿态;在学练多种运动项目技战术和参与展示或比赛的基础上掌握1—2项运动技能;认识体能和运动技能发展的重要性,掌握所学运动项目的基础知识和基本原理,了解并运用所学运动项目的规则;经常观看体育比赛,并能简要分析体育比赛中的现象与问题;形成积极的体育态度,提高分析问题和解决问题的能力。

(二)学会运用健康与安全的知识和技能,形成健康的生活方式

通过体育与健康课程的学习,学生能理解体育锻炼对健康的重要性,积极参加校

---

① 中华人民共和国教育部.义务教育体育与健康课程标准(2022年版)[S].北京:北京师范大学出版社,2022:1—2.

内外体育锻炼,逐步形成体育锻炼意识和习惯;掌握个人卫生保健、营养膳食、青春期生长发育、常见疾病和运动伤病预防、安全避险等知识与方法,并运用在学习和生活中;了解和体验体育活动对心理健康的积极影响,学会调控自己的情绪,积极应对挫折和失败,保持良好的心态;主动同他人交流与合作,知道在不同环境下进行体育锻炼的方法和注意事项,逐步适应自然环境和社会环境。

(三)积极参与体育活动,养成良好的体育品德

通过体育与健康课程的学习,学生能理解参与体育学练、展示或比赛对个人品德塑造的重要性;积极参与体育活动,在遇到困难或挑战自身身体极限且保证安全的情况下能克服困难、坚持到底,与同伴一起顽强拼搏;遵守体育游戏、展示或比赛规则,相互尊重,诚实守信,具有公平竞争的意识和行为;充满自信,乐于助人,表现出良好的礼仪,承担不同角色并认真履行职责,正确对待成败;能将体育运动中养成的良好体育品德迁移到日常学习和生活中。

二、学科课程年段目标

根据课程标准的要求,参照体育教材、教参等资料,结合我校体育学科课程总目标和1—6年级的学情,设计我校一至六年级课程目标。这里以二年级为例说明(见表5-1):

表5-1 "乐动体育"二年级课程目标表

学期 单元	二年级上学期	二年级下学期
第一单元	共同要求 1. 了解健康饮食的重要性。 2. 避免偏食、挑食,养成常喝牛奶的习惯。 校本要求 1. 在家进行"我是当家小厨师"的学习。 2. 和家长一起设计一份营养餐。	共同要求 1. 养成及时开窗通风的好习惯。 2. 养成每天排便的习惯,会自理大小便,主动维护公共厕所整洁。 校本要求 1. 设计一份阳光运动身体好一周行为评价表。 2. 发放"游戏安全备忘录",提醒学生与家长共同填写表格。

续 表

学期 单元	二年级上学期	二年级下学期
第二单元	共同要求 1. 能够以站立式起跑姿势完成 50 米快速跑。 2. 能够掌握多种接力跑的动作并与同伴良好合作。 校本要求 1. 会 50 米快速跑的动作。 2. 能够掌握迎面接力、往返接力、障碍接力跑的游戏方法。	共同要求 1. 能够掌握 300—500 米走跑交替的动作要领。 2. 能在跑步中做到呼吸较自然。 校本要求 1. 利用游戏和比赛的方式进行耐力跑的练习。 2. 每周安排一次跑的体能练习。
第三单元	共同要求 1. 能够较协调、连贯地完成跳单、双圈练习。 2. 能够上下肢体配合协调地完成立定跳远动作。 3. 基本掌握连贯助跑、一脚用力踏跳、双脚同时落入沙坑的完整练习过程。 校本要求 1. 安排每周一次跳跃练习的体育家庭作业。 2. 体育课安排越过大峡谷、立定跳远接力比赛,提高跳跃水平。	共同要求 1. 能够动作较连贯地投掷小垒球或沙包等,并达到较好成绩。 2. 能够掌握侧向投掷的方法,双手较协调连贯地将轻物抛出。 校本要求 1. 掌握自然挥臂的方法,能够进行单、双手抛接轻物和向指定方向掷远和投准。 2. 会原地投掷沙包的基本动作技术。
第四单元	共同要求 1. 学习和掌握技巧单个动作和联合动作的方法和技能。 2. 初步掌握滚翻、劈叉、仰卧推起成桥的动作。 校本要求 1. 布置体育家庭作业,每周进行柔韧素质的练习。 2. 正确掌握各种滚翻动作,学会保护与帮助的方法。	共同要求 1. 初步学习韵律操活动身体的基本部位动作、动作组合和简单的舞步与儿童集体舞。 2. 能够在音乐的伴奏下进行动作的练习。 校本要求 1. 掌握成套的韵律操组合练习。 2. 初步学会基本的舞步动作。

续 表

学期 单元	二年级上学期	二年级下学期
第五单元	共同要求 1. 掌握乒乓球握拍、击球等动作方法和基本技能。 2. 初步用一种握拍方法，进行平稳端球和连续颠球、对墙接击反弹球、对地反弹球。 校本要求 1. 掌握击球墙面反弹球游戏。 2. 掌握乒乓球的各类游戏。	共同要求 1. 体验和学习小足球颠球、踢球、运球的基本动作方法。 2. 初步学会一些发展体能的基本方法。 校本要求 1. 会小足球的颠球比赛、运球接力等游戏。 2. 每节课有 8—10 分钟的体能练习。

第三节　体验趣味课堂培养儿童体育兴趣

为了实现上述目标,我校建立依据"乐动体育"体育课程基本理念,聚焦课程目标,坚持健身性与文化性相结合、科学性与可接受性相结合、特色性与兴趣性相结合的基本原则。帮助学生在享受体育健身的过程中共同探索、共同进步、共同成长,从此树立终身体育的好习惯。我校"乐动体育"学科课程框架的设置,根据学习实际形成有学校特色的校本课程,共开设四类课程。

一、学科课程结构

依据教育部颁发的《义务教育体育与健康课程标准(2022年版)》,体育课程的目标和内容从"运动能力""健康行为""体育品德"三方面提出要求。[①] 围绕这三方面我校"乐动体育"重在培养学生发现体育美,感悟运动美,享受体育运动魅力,因此,我校"乐动"体育课程从"童乐运动""童乐技能""童乐健康"和"童乐适应"四方面进行建构(见图5-1)。

具体表述如下:

(一) 童乐运动

童乐运动内容有队列队形、绳彩飞扬、魔幻轮滑、动感啦啦操、拳力以赴、快乐足球等。运动参与是学生习得体育知识、技能和方法,锻炼身体和提高健康水平,形成积极的体育行为和乐观开朗人生态度的实践要求和重要途径。"童乐运动"课程通过我校体育学科的常规课程,重在激发小学阶段学生参与运动的热情,体验运动乐趣,掌握必要的体育与健康知识和技能的方法,逐步形成终身体育锻炼的意识和习惯。

[①] 中华人民共和国教育部.义务教育体育与健康课程标准(2022版)[S].北京:北京师范大学出版社,2022:5—6.

图 5-1 课程结构图

（二）童乐技能

内容为篮球、羽毛球等特色项目。运动技能是指学生在体育学习和锻炼中完成运动动作的能力，它反映了体育与健康课程以身体练习为主要手段的基本特征，是课程学习的重要内容和实现其他学习方面目标的主要途经。在"童乐技能"课程中，强调充分发挥体育育人的功能，以体育特色项目为主，渗透德育教育，同时融合健康行为与生活方式，推动"一校一品"的发展，让学生感受体育运动的魅力，加深对体育运动的理解。

（三）童乐健康

内容为健康小卫士、人体的组成、饮水与健康、户外运动好处多等。身体健康是指人的体能良好、机能正常和精力充沛的状态，与体育锻炼、营养状况和行为习惯密切相关。"童乐健康"是要引导学生懂得营养、行为习惯和疾病预防对身体发育和健康的影响。

（四）童乐适应

内容是丛林小战士、穿越小树林、长江黄河、保卫祖国、智勇大闯关等，在"童乐适应"课程中,根据学生的发展需求,有效地设置和开展各项活动,以达到对学生促德、健体、调智、审美等教育功能,重视活动过程的教育,关注差异,重视学生个性发展。

二、学科课程设置

结合新课程标准的内容,与我校体育课程的研究开发,从运动、技能、健康和社会适应等方面,我们给一至六年级设置了不同的体育课程(见表5-2)。

表5-2 "乐动体育"课程设置表

年级		童乐运动	童乐技能	童乐健康	童乐适应
一年级	上	快快集合	魅力篮球 羽球飞扬	健康小卫士	丛林小战士
	下	穿过独木桥	拍球达人 羽球少年	人体的组成	穿越小树林
二年级	上	绳彩飞扬	控球高手 定点发球	饮水与健康	长江黄河
	下	齐心协力	指上篮球 一球击中	户外运动好处多	保卫祖国
三年级	上	你追我跑	运球帷幄 羽球步法	营养与健康	智勇大闯关
	下	魔幻轮滑	球球相对 扣球有力	运动的好处	看谁投得准
四年级	上	动感啦啦操上	运球达人 羽球高手	常见传染病及其预防	滚饼入门
	下	动感啦啦操下	球来球往 羽球策略	运动与饮食	小小搬运工
五年级	上	拳力以赴上	曲线运球 羽球战术	骨骼、肌肉的功能与保健	爱心传递
	下	拳力以赴下	赛场之星 羽球规则	培养良好的情绪	开心跳跳跳

续 表

年级		童乐运动	童乐技能	童乐健康	童乐适应
六年级	上	快乐足球上	百发百中 明日之星	青春期的心理健康	撒网捕鱼
	下	快乐足球下	篮球达人 羽球达人	定期进行健康检查	小小马拉松

三、学科课程内容

体育课程是为丰富学生的兴趣和爱好,根据他们的年龄和生长发育而设置的。一至六年级的"乐动体育"课程内容(见表5-3)。

表5-3 "乐动体育"课程内容表

年级	课程名称	内容要点
一年级	1. 快快集合 2. 魅力篮球、羽球飞扬 3. 健康小卫士 4. 丛林小战士 5. 穿过独木桥 6. 拍球达人、羽球少年 7. 人体的组成 8. 穿越小树林	1. 快快集合与穿过独木桥:通过队列队形练习,提高学生的注意力、观察力和动作思维能力,有利于培养自制力和坚韧性,有利于发展学生自我表现和群体合作意识,上好体育与健康课。 2. 魅力篮球与羽球飞扬:了解篮球和羽毛球的起源,学习体育运动的基本知识。 3. 健康小卫士与人体的组成:初步了解个人卫生保健知识和方法。 4. 丛林小战士与穿越小树林:通过集体游戏,在体育活动中适应新的合作环境。
二年级	1. 绳彩飞扬 2. 控球高手、定点发球 3. 饮水与健康 4. 长江黄河 5. 齐心协力	1. 绳彩飞扬与齐心协力:通过集体跳大绳和30米快速接力跑,让学生积极参加课外活动。 2. 控球高手与定点发球:掌握篮球的控球能力和羽毛球的发球能力,对所学动作达到一定的熟练程度。

续 表

年级	课程名称	内容要点
	6. 指上篮球、一球击中 7. 户外运动好处多 8. 保卫祖国	3. 饮水与健康与户外运动好处多:识别正确身体姿态的能力,完成灵敏、平衡性测试。 4. 长江黄河与保卫祖国:通过一些有情境的集体游戏,让学生在体育活动中爱护和帮助同学。
三年级	1. 你追我跑 2. 运球帷幄、羽球步法 3. 营养与健康 4. 智勇大闯关 5. 魔幻轮滑 6. 球球相对、扣球有力 7. 运动的好处 8. 看谁投得准	1. 你追我跑与魔幻轮滑:通过耐久跑和轮滑,培养学生集体主义精神,乐于参加多种体育活动。 2. 运球帷幄与羽球步法:提高篮球运球能力和羽毛球步法,初步掌握多种体育方法。 3. 营养与健康与运动的好处:初步了解疾病预防知识,知道运动对身体的好处。 4. 智勇大闯关与看谁投得准:在体育活动中乐于交流和合作。
四年级	1. 动感啦啦操上 2. 运球达人、羽球高手 3. 常见传染病及其预防 4. 滚饼入门 5. 动感啦啦操下 6. 球来球往、羽球策略 7. 运动与饮食 8. 小小搬运工	1. 动感啦啦操上与下:通过动感啦啦操学习,让学生愉快地参加新的情境类、角色扮演类体育游戏和活动。 2. 运球达人与羽球高手:基本掌握篮球和羽毛球的动作要领。 3. 常见传染病及其预防与运动与饮食:改善体型和身体姿态。 4. 滚饼入门与小小搬运工:通过集体游戏,让学生遵守运动规则,并初步自我规范体育行为。
五年级	1. 拳力以赴上 2. 曲线运球、羽球战术 3. 骨骼、肌肉的功能与保健 4. 爱心传递 5. 拳力以赴下 6. 赛场之星、羽球规则 7. 培养良好的情绪 8. 开心跳跳跳	1. 拳力以赴上与下:武术是我国传统体育文化的重要组成部分,让学生在武术运动中感受它的神圣和乐趣。 2. 曲线运球与羽球战术:提高篮球和羽毛球动作技术,并能够把动作技术运用到比赛中。 3. 骨骼、肌肉的功能与保健与培养良好的情绪:了解人体运动系统。 4. 爱心传递与开心跳跳跳:在团队体育活动中能较好地履行自己的职责。

续　表

年级	课程名称	内容要点
六年级	1. 快乐足球上 2. 百发百中、明日之星 3. 青春期的心理健康 4. 撒网捕鱼 5. 快乐足球下 6. 篮球达人、羽球达人 7. 定期进行健康检查 8. 小小马拉松	1. 快乐足球上与下：通过了解和学习足球这项运动，让学生获得体育活动和比赛中成功的体验。 2. 百发百中与明日之星：能够把所学的篮球和羽毛球动作技术运用到比赛中。 3. 青春期的心理健康与定期进行健康检查：初步掌握青春期的生长发育特点和保健知识。 4. 撒网捕鱼与小小马拉松：形成良好的体育道德意识和行为，在体育活动中尊重相对较弱者。

第四节　拓展课程激发儿童无限能力

体育与健康课程对于实施素质教育，培养学生的爱国主义、集体主义精神，促进学生德、智、体、美全面发展具有重要意义。我校"乐动体育"课程将学生放在课程的中央，围绕"乐动体育"的课程理念，激发学生的运动兴趣，培养学生体育锻炼的习惯，努力做到让每个孩子都能在课程中学有所成，健康快乐地进行体育活动。"乐动体育"课程主要从建构"乐动课堂"，开发"年级特色专项课程"，开设"缤纷体育节"，推进"活力社团"，"拓展趣味体育游戏与体能活动"五个途径全面落实。

一、建构"乐动课堂"，提升学科课程品质

"乐动课堂"是以《义务教育体育与健康课程标准（2022年版）》为基础，"乐动体育"充分体现教育的时代要求，结合我校"全面发展，张扬个性"的办学理念，所有的教学都根据学生全面发展的需求和学生的身心发展特征而展开。

（一）"乐动课堂"的实践操作

为了让学生喜欢上体育课，教师应设法让课堂教学变得形式多样、生动活泼，让学生认真学、认真做和认真练，这样课堂教学才能真正焕发活力，因此要做到体育教学目标的多元化与体育教学方法的多元化。

"乐动课堂"的活动设计要符合学生天真、爱玩的特性，以趣味性为主，结合课堂的内容需要，激发学生的学习动机，引导学生积极主动地进行体育活动。

课堂教学以学生为主体。教师起主导作用，教会学生一个知识点后，让学生根据自己的兴趣爱好再去变化。例如学会障碍跑之后，教师在旁边引导，让学生通过本节课内容自由组合进行其他障碍物游戏活动设计，学生自行组织，充分发挥学生的主动性。

课堂教学中运用多彩的教学方法。教师运用各种形式的语言指导、游戏与比赛等方式组织学生进行练习，增加课堂趣味性，重视学生体育体验，强调学生探究活动，充分挖掘和释放体育对学生的教育价值。

(二)"乐动课堂"评价标准

乐动课堂的评价是为了判断学生在体育学习中存在的不足,分析原因,并为改进教学提供依据,"乐动课堂"评价细则如下(见表5-4)。

表5-4 "乐动课堂"评价细则表

年级：	班级：		人数：	评价总分
执教者：	课题：			
评价维度	评估指标		权重	得分
教学目标	符合教学目标课程标准和教材的基本要求。		20分	
教学内容	知识结构合理,突出重难点,难易适度,联系学生生活实际。		20分	
教学活动	善于引导学生主动学习或合作学习,指导具有针对性、启发性、实效性。		20分	
教学方法	教学过程中选用正确的教学方法。		20分	
教学评价	学生与教师积极参与评价活动,能对学习过程进行反思与总结。		20分	

二、开发"年级特色专项课程",营造体育课程气氛

开展年级特色专项课程,通过竞赛能给学生精神上带来愉快的感受,减轻焦虑状态,缓解抑郁症状,获得生理和心理上的满足。学生通过努力学习、训练和拼搏,一旦完成预先的目标,取得一定的成绩,他们所获得的成就感、自豪感是不言而喻的。反之,如果未完成预先的目标,教师也会进行耐心的心理疏导,抓住挫折教育的良好时机,磨炼学生百折不挠的意志。正如魏书生所说:"在现代社会,这种顽强的百折不挠的意志是一个成功者不可缺少的条件。"

(一)"年级特色专项课程"的实施,发展学生兴趣爱好

学校方面:每星期专门设立两节专业课程,发放专项申请表,各专项安排一名指导教师。

教师方面:在体育科组骨干教师团队的带领下,根据我校实际情况,特设以下专项:羽球飞扬——羽毛球、卧虎藏龙——田径、活力动感啦啦操——啦啦操等,同时学校还跟一些校外体育俱乐部进行合作,以弥补学校体育教师部分项目专业水平不足的问题。教师可以通过专项课程选拔学生进入校队进行系统训练,这样有助于学校训练队的人员补充。

学生方面:由教师选人,通过校内教师和校外的一些体育俱乐部共同训练与监督,培养学生体育能力和全面发展。

(二)"年级特色专项课程"评价标准

"年级特色专项课程"是在原有常规体育教学的基础上,打破常规教学模式,根据学生所学习的专项进行评价(见表5-5)。

表5-5 "年级特色专项课程"评价细则表

评价内容	评估指标	权重	得分
课堂表现	是否能够主动积极思考、回答、谈论、发言	20分	
出勤情况	是否有缺席、早退、迟到现象	20分	
课后作业	作业完成情况	20分	
期末测试	根据标准进行评分	40分	

三、开设"缤纷体育节",大力彰显体育魅力

为提高学生体育水平,推进素质教育的发展,营造校园体育活动气氛;为给学生提供展示体育水平的舞台,以发挥学生个性特长,激发创造和创新能力,促进全面发展,张扬个性,丰富校园生活,我校特举办"缤纷体育节"。

(一)"缤纷体育节"的实施

缤纷体育节是由学校决定在固定的一天开展的活动,由体育科组策划,以班级为单位,主要分为两种类型比赛:田径类比赛和趣味性比赛,同时不同年级比赛的项目各不相同,如一年级田径类比赛和趣味性比赛项目有立定跳远、50米、迎面接力、盲人敲锣、飞绣球;二年级则是立定跳远、50米、迎面接力、抛砖引玉、背篓接球等;三年级则

是立定跳远、50米、200米、袋鼠跳、骑士投篮;四年级则是立定跳远、50米、200米、顶瓮接力、抬竹杠;五年级则是蹲踞式跳远、50米、200米、垒球、抬小猪、袋鼠跳;六年级则是蹲踞式跳远、50米、200米、垒球、螃蟹打马桩、赛跳跑。

(二)"缤纷体育节"评价标准

"缤纷体育节"营造了健康向上的校园文化气氛,丰富了学生的课余生活,展现了我校学生的风采,其具体评价如下(见表5-6)。

表5-6 "缤纷体育节"评价细则

拓展课程	年级	班级	体育项目	班级总分	班级排名
体育节	一年级		1. 立定跳远		
			2. 50米		
			3. 迎面接力		
			4. 盲人敲锣		
			5. 飞绣球		
	二年级		1. 立定跳远		
			2. 50米		
			3. 迎面接力		
			4. 抛砖引玉		
			5. 背篓接球		
	三年级		1. 立定跳远		
			2. 50米		
			3. 200米		
			4. 袋鼠跳		
			5. 骑士投篮		
	四年级		1. 立定跳远		
			2. 50米		
			3. 200米		
			4. 顶瓮接力		

续表

拓展课程	年级	班级	体育项目	班级总分	班级排名
			5. 抬竹杠		
	五年级		1. 蹲踞式跳远		
			2. 50 米		
			3. 200 米		
			4. 垒球		
			5. 抬小猪		
			6. 袋鼠跳		
	六年级		1. 蹲踞式跳远		
			2. 50 米		
			3. 200 米		
			4. 垒球		
			5. 螃蟹打马桩		
			6. 赛跳跑		

四、推进"活力社团",努力营造体育文化

"乐动体育"课程基于学生的需求,在一至六年级开发了丰富多彩的"活力社团",拓展学生体育活动的途径,满足学生的兴趣爱好,提供学生全面发展与张扬个性的空间,从实际出发,为校园体育奠定坚实的基础。

(一)"活力社团"的实施

"活力社团"的组建主要根据学生自身爱好自主选择,学校每星期专门设立一节社团课程,发放社团申请表,各社团会安排一名指导教师进行组建,目前学校有羽球飞扬、卧虎藏龙、活力动感啦啦操与活力篮球等多个体育社团。

社团的管理方式主要实行学生自行管理与自我服务机制。每个社团设置团长1名,副团长2名,他们在前期通过老师的指导完成考勤工作、编排社团活动的内容以及社团团员训练等,后期让学生独立完成,实现学生自我管理和服务。

(二)"活力社团"评价标准

"活力社团"评价是对学生参加丰富多彩的活动，发展学生个性特长、全面提高学生素质发展进行的评价(见表5-7)。

表5-7 "活力社团"评价细则

评价项目	评价标准	权重	得分
社团管理的方法	社团是否有规范的名称、宗旨、口号、制度等，并严格执行。	30分	
社团活动的创意	社团活动是否有计划，方案是否新颖、有特色，社团活动开展是否有序。	40分	
社团活动的成果	社团活动是否有作品展示，社团成员是否能参赛。	30分	

五、"拓展趣味体育游戏与体能活动"，开发学生潜能

开展拓展趣味体育游戏与体能活动，一方面是为了解决生活中有不少孩子与人交往存在问题，在表达自己的感情方面可能会有所缺失，面对困难时只知道一味求助于父母等，这些都是心态方面有所不足的表现。另一方面，拓展趣味体育游戏与体能活动，主要目的就是帮助提升孩子的潜能和心理素质，通过团队成员之间的协作，让孩子感受到相互帮助的好处。在进行拓展训练时，通常会通过相关的游戏环节设置，让孩子理解在生活中遇到的某些常见问题，而要想解决好这些问题，需要有别人的帮助，同时也需要自己去帮助别人。在一个团队里，每个人都是不可或缺的，只有大家团结起来，才能发挥更大的力量。

(一)"拓展趣味体育游戏与体能活动"的实施

活动融入到体育课堂中。根据学生的身心发展，体育教师提前设计好课时计划，合理运用各种器材，每节课最后8分钟固定开展趣味体育游戏与体能活动的内容。

每月固定实践课用于开展拓展趣味体育游戏与体能活动。全年级共同开展，体育组对综合实践教师进行培训，训练内容有一年级跳绳、滚铁环；二年级呼啦圈、抖空竹；三年级袋鼠跳、抽陀螺；四年级投沙包、25米折返跑；五年级踢毽子、跳皮筋；六年级拔

河、跳长绳。培训后,综合实践教师组织学生进行趣味体育游戏与体能活动,先班级练习,再班级与班级之间进行比赛,获得积分排名。

(二)"拓展趣味体育游戏与体能活动"评价标准

"拓展趣味体育游戏与体能活动"评价是以各年级组织开展形式多样的体育游戏为基础进行的评价(见表5-8)。

表5-8 "拓展趣味体育游戏与体能活动"评价细则

年级	体育项目	班级	总分	排名
一年级	跳绳			
	滚铁环			
二年级	呼啦圈			
	抖空竹			
三年级	袋鼠跳			
	抽陀螺			
四年级	投沙包			
	25米折返跑			
五年级	踢毽子			
	跳皮筋			
六年级	拔河			
	跳长绳			

综上所述,在"乐动体育"的引领下,我校师生坚持"健康体魄是青少年为祖国和人民服务的基本前提,是中华民族旺盛生命力的体现,学校教育要树立健康第一的指导思想,切实加强体育工作,使学生掌握体育基本的运动技能,养成坚持锻炼身体的良好习惯"。

(撰稿人:莫志敏 曾伟鹏 吕俊伟 周英杰 赖雄亮 杨俊维 黄建庭 钟学通)

第六章
七彩美术：创意描绘美丽的世界

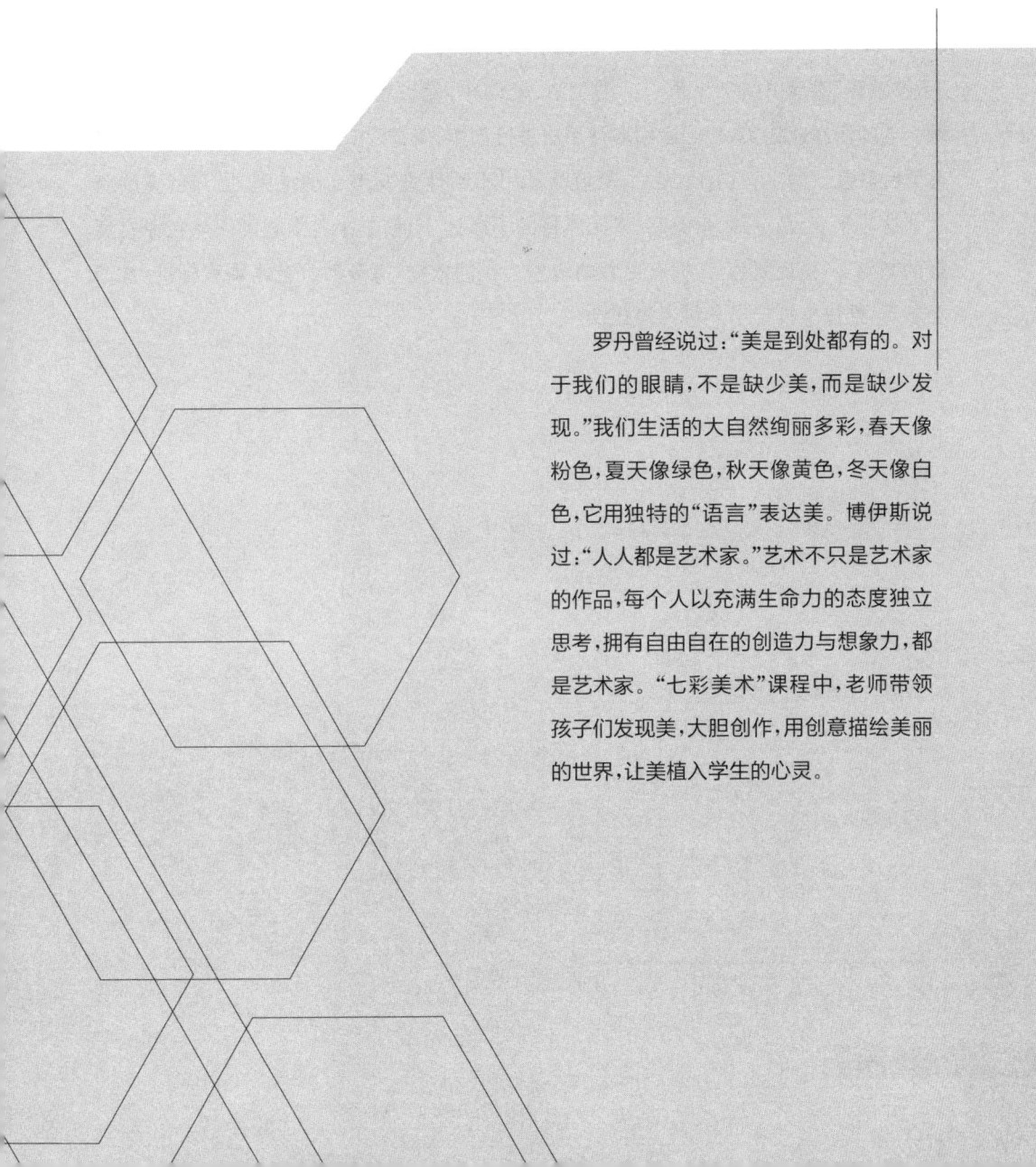

罗丹曾经说过："美是到处都有的。对于我们的眼睛，不是缺少美，而是缺少发现。"我们生活的大自然绚丽多彩，春天像粉色，夏天像绿色，秋天像黄色，冬天像白色，它用独特的"语言"表达美。博伊斯说过："人人都是艺术家。"艺术不只是艺术家的作品，每个人以充满生命力的态度独立思考，拥有自由自在的创造力与想象力，都是艺术家。"七彩美术"课程中，老师带领孩子们发现美，大胆创作，用创意描绘美丽的世界，让美植入学生的心灵。

广州开发区第二小学美术学科，现有美术专任教师9人，其中女教师7人，男教师2人。黄埔区骨干教师3人，本科生学历9名，一级职称3名，师资优良，结构合理。"微笑教育"滋养下的二小孩子们爱生活、爱创作、爱想象、爱画画，思维活跃，想法新颖。老师们专业扎实，善于运用多种手法进行创作、美育，注重美术课程与学生生活经验紧密联系。师生在创作、展示、交流活动中不断地迸发出新的灵感，提升创意的高度。这些年来，新老师、新灵感、多元风格的不断注入，使二小美术教师团队在原有良好的基础上，呈现新趋势，拥有更大的潜力。我们依据《义务教育艺术课程标准（2022年版）》，推进本校美术学科课程建设。

第一节　用心发掘创造世界之美

美术以视觉形象承载和表达人的思想观念、情感态度和审美趣味,丰富人类的精神和物质世界。美术教育历史悠久,美术课程更因其丰富的教育价值被列入中小学课程体系中。当代社会的发展对国民的素质提出了新的要求,美术课程在我国基础教育课程体系中发挥积极的作用,力图培养学生成为有人文精神、创新能力、审美品位和美术素养的现代公民。

美术课程以社会主义核心价值观为导向,弘扬优秀中华文化,力求体现素质教育的要求;加强学习的综合性和探索性,使学生在积极的情感体验中发展观察力、想象力和创造力,提高审美品位和审美能力,增强对自然和人类社会的热爱及责任感,产生创作美好生活的愿望,培养相关能力。对美术学科的哲学认识促进了我校美术教育价值观的建立。

一、学科价值观

美术课程具有人文与审美的课程性质,是学校进行美育的主要途径,是九年义务教育阶段学生必修的艺术课程,在实施素质教育的过程中具有不可替代的作用。

《义务教育艺术课程标准(2022年版)》中指出:以习近平新时代中国特色社会主义思想为指导,全面贯彻党的教育方针,遵循教育教学规律,落实立德树人根本任务,发展素质教育。以人民为中心,扎根中国大地办教育。坚持德育为先,提升智育水平,加强体育美育,落实劳动教育。反映时代特征,努力构建具有中国特色、世界水准的义务教育课程体系。聚焦中国学生发展核心素养,培养学生适应未来发展的正确价值观、必备品格和关键能力,引导学生明确人生发展方向,成长为德智体美劳全面发展的社会主义建设者和接班人。[1] 注意适应学生发展,分段设计课程;聚焦核心素养,组织课程内容;体现艺术学习特点,优化评价机制。艺术课程围绕核心素养,体现课程性

---

[1] 中华人民共和国教育部.义务教育艺术课程标准(2022年版)[S].北京:北京师范大学出版社,2022:1—2.

质,反映课程理念,确立课程目标。美术学科课程内容包括"欣赏·评述""造型·表现""设计·应用""综合·探索"4类艺术实践。① 美术课程总目标按"知识与技能""过程与方法""情感、态度和价值观"三个维度设定。基于这种认识,我们认为,在美术课程中学生应以个人或集体合作的方式参与美术活动。依托于美术课程的建设,我们将美术核心素养和生命体验以课堂为载体,以鉴赏与创作为途径,以学习和表达为手法滋养孩子的心灵。我校美术课程遵循美术教育发展的客观规律,激发创意,帮助学生了解美术语言及其表达的方式和方法;学会运用各种工具、媒材进行创作,表达情感与思想,改善环境与生活;合理使用岭南版美术教材,结合我校师生的教学、学习特点,学习美术欣赏和评述的方法,提高审美能力,了解美术对文化生活和社会发展的独特作用。利用美术教学与自然、生活资源的结合,丰富课堂内容,拓宽课堂空间和容量,构建宽广的美术创作环境。七彩课堂,不断激发教师和学生的思维能力和创新能力,促使师生在美术学习过程中迸发勃勃生机。同时丰富学生视觉、触觉感受和审美经验,使其获得对美术学习的持久兴趣,形成基本的美术素养。

二、学科课程理念

我们目前的美术课,常常止步于课堂教材,对于美术的感受,只限于教师的演示,学生缺乏动手创作的机会,这在一定程度上约束了他们对于创新的追求、想象。美术创作应是启迪心灵,塑造灵魂,传承文化的无限视觉空间。为此我们提出了"七彩美术",为学生创设更宽更高的成长平台,以适应不断变更的社会环境,培养有创新、创造能力的新时代人才,为丰富的历史、人文资源之发展与传承做好准备。

依据教育部《关于加强和改进中小学艺术教育活动的意见》《义务教育艺术课程标准(2022年版)》等文件精神,我们开发了"七彩美术"课程。"七彩美术"是通过美术语言,让学生与生活真正联系在一起的课程。"七彩美术:用创意描绘美丽的世界"是我们的美术课程理念,也是我们美术学科的追求和目标。

"七彩美术"是人人共享的美术。在义务教育阶段的美术教育背景下,我们坚信每

---

① 中华人民共和国教育部. 义务教育艺术课程标准(2022年版)[S]. 北京:北京师范大学出版社,2022:48.

个孩子都有发现美的眼睛和心灵,都有创造美好的潜力,人人都是艺术家。在课堂教材内外广阔的空间里,在自然和社会环境的学习中,师生不断碰撞出灵感的火花。

"七彩美术"是缤纷有趣的美术。兴趣是学习的基本动力,美术课强调通过特有的学科魅力,使课程内容与不同年龄阶段学生的情感认知态度相适应。教师以灵活多样的教学手法激发学生的学习兴趣,使其产生持久的积极情感态度。爱上美术,爱上创作,爱上生活。用爱创造美好,发现美好。

"七彩美术"是灵动活力的美术。色彩、线条、空间、光亮是视觉艺术的重要组成元素。课堂教材内外,社会生活、大自然都是我们的老师,活跃着我们的心灵,诱发一次次的灵感闪现。课程除了让师生感受到前人创造的辉煌,还引导大家用独特的方法让它们继续流传,每个人都有责任不让这些灿烂的光芒暗淡失色。

"七彩美术"是创意无限的美术。现代社会需要发挥每个人的主体性和创造性。因此,课程中的创新尤为重要,它关注学生个性与创新精神的培养,将意向与成果结合,将意向与艺术融合。在探究中发现、实践并创造性地解决问题和塑造自我。

在课程实施过程中,我们试图开发多样化的兴趣课堂,全方位发掘学生兴趣点,注重培养学生的动手操作能力、合作探究能力和自主创新能力。及时收集优秀的美术作品,营造校园艺术氛围,使学生在欣赏与评价的过程中养成独特的审美情趣,提高学生的审美能力,提升生活的品质。

我们试图通过七彩美术课程,丰富学生的视觉、触觉;发展学生的空间思维和动手能力;激发学生的创造精神以及美术的实践能力,达到能用美术来表达自己情感和思想的目标,从而创造世界的精彩与美好。

第二节　让孩子用创作美化生活

《义务教育艺术课程标准(2022年版)》指出:"艺术课程要培养的核心素养包括审美感知、艺术表现、创意实践、文化理解等。艺术课程总目标是感知、发现、体验和欣赏艺术美、自然美、生活美、社会美,提升审美感知能力。丰富想象力,运用媒介、技术和独特的艺术语言进行表达与交流,运用形象思维创作情景生动、意蕴健康的艺术作品,提高艺术表现能力。发展创新思维,积极参与创作、表演、展示、制作等艺术实践活动,学会发现并解决问题,提升创意实践能力。感受和理解我国深厚的文化底蕴和党的百年奋斗重大成就,传承和弘扬中华优秀传统文化、革命文化、社会主义先进文化,坚定文化自信,铸牢中华民族共同体意识。了解不同地区、民族和国家的历史与文化传统,理解文化与构建人类命运共同体的关系,学会尊重、理解和包容。"[①]

基于对美术课程的认识,我校"七彩美术"课程体系力求为孩子建造轻松愉快的创作环境,培养孩子拥有发现世间美好事物的愿望,能向经典作品大师学习,感受创作的快乐、欣赏的乐趣。我们从"造型表现、设计应用、欣赏评述、综合探索"四方面入手,结合实际情况制定课程目标。

一、学科课程总体目标

美术课程总目标按"知识与技能、过程与方法、情感态度与价值观"三个维度进行设定。

学生以个人或集体合作的方式参与美术活动,激发创意,了解美术语言及其表达方式和方法;运用各种工具、材料进行创作,表达情感与思想,美化环境与生活;学习美术欣赏评述的方法,提高审美能力,了解美术对文化生活和社会发展的独特作用。学生在美术学习过程中,丰富视觉、触觉和审美经验,获得对美术学习的持久兴趣,形成

[①] 中华人民共和国教育部.义务教育艺术课程标准(2022年版)[S].北京:北京师范大学出版社,2022:3—7.

基本的美术素养。

二、学科课程年段目标

为了提高学生的审美能力,帮助学生了解美术对文化生活和社会发展的独特作用,我校美术组提出"七彩美术"课程目标,此处以六年级为例说明(如表6-1)。

表6-1 "七彩美术"课程六年级目标表

单元	类型	目标内容
六年级上 第一单元	共同目标	1. 感受古代美术的艺术美,用语言和文字评述作品。 2. 巩固和提高美术作品欣赏能力,学习美术分类知识,认识不同时代美术作品的差异。
	校本目标	1. 在感知古代美术作品的基础上临摹某件古代作品,说出它的画种,写一篇《源远流长的古代美术》的习作。 2. 选择课本中的一件美术作品,针对材质与表现手段方面做短评,制作一件立体作品。
六年级上 第二单元	共同目标	1. 学习有关邮票的基本知识,尝试设计邮票或首日封。 2. 了解贺卡的知识,运用画、剪、折的手法设计并制作贺卡,培养学生关心他人、珍惜友情、亲情的情感。 3. 了解有关中国龙的知识,画或制作中国龙,培养热爱中华民族优秀文化遗产的情感。 4. 接触包装设计的初步知识,动手设计一个简单的礼盒。 5. 了解艺术收藏的基本知识,掌握简易的包装设计制作方法。
	校本目标	1. 自定主题,设计一套邮票,举办邮票展览。 2. 运用多种手法设计制作一张贺卡,并分享给教师和好友。 3. 选择合适的环保材料合作制作一条创意中国龙,并办一个展览。 4. 设计制作新颖、有情趣、有个性的小礼盒,举办展览。 5. 在制作艺术收藏品的基础上进行个性化包装,举行展览。

续 表

单元	类型	目标内容
第三单元	共同目标	1. 用美术语言表达自己喜欢的画作,掌握写意画的用笔、墨、构图等技巧。 2. 了解写意花卉的基本知识,感知国画独特的美。 3. 了解写意禽鸟的基本知识,初步体验写意禽鸟的技法。 4. 了解国画晕染技法,认识水与墨的特性,表现动物形态。培养观察的习惯。
	校本目标	1. 临摹一幅画家作品,加入自己的想法。 2. 参考画家的作品,创作一幅花卉。表现不同的个性。 3. 灵活运用浓淡墨法、干湿笔法和色块准确表现禽鸟有趣的生活场景。 4. 掌握动物的形态、结构,运用干湿、浓淡晕染的技法表现绒毛特征,配以动物和谐的生活场景,突出主体。
第四单元	共同目标	1. 学习简易绘图软件的知识及操作方法。培养学习科学、爱艺术的情感。 2. 学习绘图软件中对图形进行重复、变形的编辑技巧。培养以科技手段创造物质财富的态度和价值观。 3. 掌握绘画软件中的颜色工具,处理画面。
	校本目标	1. 创作一幅有个性、画面丰富生动的电脑画。 2. 运用绘图软件的复制、拉伸功能表现一幅有节奏的画面。 3. 用同一幅电脑画进行两种不同色彩处理,表现不同的季节。
第五单元	共同目标	1. 了解民族服饰的多样性和独特性。掌握民族服饰的简易画法。培养热爱民族艺术的情感。 2. 了解民族乐器的多样性和独特性,手绘或制作一种民族乐器。 3. 了解皮影的相关知识,感受中国民间皮影艺术美,制作简易皮影。
	校本目标	1. 以线描形式画一幅表现民族服饰的作品,并针对这件作品中的风俗、生活习惯等进行说明。 2. 画一张民族乐器图,或制作一件民族乐器模型,附上作品卡,写一段说明文字。 3. 用合适的材料制作一个造型独特的皮影人物,并进行表演。 4. 临摹或创作一幅传统戏曲人物画,附一段文字介绍故事及人物造型特点。

续 表

单元	类型	目标内容
六年级下 第一单元	共同目标	1. 认识古代经典传说故事中的人物形象，了解他们的造型特点和服饰。 2. 认识科幻故事中的艺术形象，评述特点。
	校本目标	1. 用恰当的美术语言对古代传说艺术形象进行描述，表达自己的感受。自由运用简单线条描绘喜欢的古代传说人物。 2. 用恰当的美术语言描述科幻故事中的艺术形象特点，分析作品，进行游戏表演。
第二单元	共同目标	1. 了解不同时期建筑、车船、服饰的造型特点，构思科幻小故事。 2. 学会科幻绘画的构思、构图与表现方法。创意描绘未来的人物、景物。 3. 能对太空主题展开想象，用剪刀、圆规、裁纸刀、黏合剂制作一个小型太空模型。
	校本目标	1. 将现代人物与古代场景并置，构成有情节的画面，画出色彩丰富的作品。 2. 用手绘想象画的方法，描绘现实元素与未来融合的画面。 3. 小组合作，选择新的材料设计制作"太空基地"，并起一个名字。
第三单元	共同目标	1. 用夸张变形的漫画手法设计制作"爱牙日"的小宣传品。 2. 认识肖像漫画的多种表现形式，了解漫画的特点与表现手法，抓住人物的外貌特征及特点进行漫画创作。
	校本目标	1. 在校内或校外的宣传橱窗展示同学设计的宣传品。 2. 领会漫画作品的寓意，用线条简单地画出一个性格特征突出的名人。
第四单元	共同目标	1. 了解"爱鸟日"及民间玩具等的相关知识，并懂得运用转动装置制作会展翅的小鸟。 2. 运用夸张装饰手法设计制作能转动的小鸟玩具，知道如何爱护鸟类。
	校本目标	1. 运用转动装置制作出造型夸张、装饰独特的小鸟玩具，表演一个有关爱鸟的节目。 2. 制作一只美观、有趣的小鸟玩具，合作设计作品进行森林音乐会展演。

续 表

单元	类型	目标内容
第五单元	共同目标	1. 感受神州大地之美,并对我国著名文化遗产和自然的特点进行探究,运用摄影取景构图知识临摹一幅简单的风景画。 2. 感受并领略亚洲的世界文化遗产纸艺特色和亚洲建筑以及雕刻的艺术美。 3. 感受欧洲世界文化遗产建筑、壁画的艺术美。能对其进行细致观察、描述和分析。以速写、临摹、想象的绘画方式表现。 4. 了解非洲代表性的艺术品,借鉴古埃及的造型方法进行装饰。
	校本目标	1. 用合理的构图方法取景,创作一幅表现人文景观或者自然景观特点的作品。 2. 小组合作,用描绘方式表现亚洲有代表性的建筑或雕刻。配上文字,做一幅旅行长卷。 3. 能说出有代表性的欧洲建筑、壁画艺术的名称,用恰当的语言描述,临摹或通过想象进行描绘。 4. 用恰当的语言描述非洲代表性的建筑、雕刻、壁画的风格等,并进行细致观察、分析。创作一幅表现非洲题材的绘画。
第六单元	共同目标	1. 掌握观察教师外貌、神态的方法,运用构图、线条、色彩元素创作表现教师的作品。 2. 了解画册装帧设计的意义、形式和方法。运用形象色彩、构图,手绘制作趣味小册子。 3. 了解展示设计的要素和形式分类,综合运用美术知识,利用各种材料,展示毕业作品。
	校本目标	1. 运用不同的线条表现教师的外貌特征,画出师生交往的故事,表达对教师的感情。 2. 用综合设计元素,巧妙地将手绘图像与纸手工制作相结合,编绘精美小书,反映母校生活。 3. 完成以自己成长足迹为主题的文章和美术作品,小组合作制作一组展板作品。

第三节 创意课程给予无限灵感

"七彩美术"根据学生成长发展的需要进行编排,分为基础性课程和拓展性课程。基础性课程根据教材内容,主要培养学生视觉上的感知、鉴赏体验和美术造型基础技能,激发学生的创造精神以及美术的实践能力,达到能用美术来表达自己的情感和思想,从而提高学生的审美能力、创造能力,成为新时代人才。拓展性课程主要满足学生的个性化学习需求,开发和培育学生的潜能和特长,培养学生的自我认知和自我选择能力。

一、学科课程结构

《义务教育艺术课程标准(2022年版)》指出:课程内容要从"造型表现""设计应用""欣赏评述""综合探索"四个领域提出要求,其中"综合探索"结合多元素、多维度、多技能,涵盖多个领域素质,突出了与其他学科以及社会生活的联系,促进孩子创造能力整体发展。各个阶段练习和探索环环紧扣,一脉相承,最终达到总目标,体现美术课程的连续性和独特性。[①]

基于对课程标准的解读,我们通过"绘声绘色""我形我塑""画中有话""人材济济"四大板块整体建构"七彩美术"学科课程,致力于为师生打造更宽广的创作机会,使他们在探索创造中迸发灵感和创意。"七彩美术"学科课程群结构如下(见图6-1)。

具体内涵如下:

(一) 绘声绘色

通过活动引领孩子学会观察、认识、理解自然界及生活中物象的线条、形状、色彩、空间、明暗、肌理等造型元素,运用一定的美术媒材、技巧发展孩子的感知能力和造型能力。

---

① 中华人民共和国教育部. 义务教育艺术课程标准(2022年版)[S]. 北京:北京师范大学出版社,2022:48.

图6-1 课程结构图

(二) 我形我塑

通过活动，学生能了解设计与工艺的知识、意义以及"物以致用"的设计思想，运用合理的工具和方法进行初步的设计和制作，养成勤观察、善发现、严计划、精制作、乐合作的思维和习惯，塑造心目中的美好。

(三) 画中有话

通过活动，学生能感受自然美，了解以优秀人类文化为题材的美术作品，以及它们所属的流派、美术家、生活、历史、发展。学生学会多角度欣赏评述美术作品，并能通过流畅的语言表达对作品的理解、感受，从而在文化情境中形成自我鉴赏风格和表达能力。

(四) 人材济济

人类社会、自然景观给人以无限的创意空间，学生从中了解美术学科和其他学科的联系,运用多种材料、技法、元素进行美术综合性活动,拓展想象的空间,激发探索未知领域的兴趣,体验探究合作的乐趣。

以上四大板块相互关联,相互补充,构建了紧密和谐的"七彩美术"学科课程,极大地运用所学知识诱发师生的创作才能。

二、学科课程设置

我们通过"绘声绘色""我形我塑""画中有话""人材济济"四大板块整体建构"七彩美术"学科课程,为师生打造更宽广的创作空间,让他们在探索创作中迸发灵感和创意。具体内容如下(见表6-2):

表6-2 "七彩美术"课程设置表

年级	内容	绘声绘色	我形我塑	画中有话	人材济济
一年级	上	红黄蓝 圆方尖	剪剪贴贴	童画故事	迎中秋,送祝福
	下	走进大自然	折折叠叠	听颜色线条说	劳动真光荣
二年级	上	变色龙	玩泥巴 好快活	立体点线面	年年有余
	下	黑白灰	彩泥俱乐部	我的彩泥世界	爸爸妈妈我爱你
三年级	上	我的"伙伴"	变废为宝	请听我说	时装嘉年华
	下	日记画	创意森林	无字书	粽情、竞渡
四年级	上	我也是大师	有版有眼	名作背后的故事	可爱的祖国
	下	"画"说二十四节气	纸艺坊	名作欧美行	放眼世界
五年级	上	水墨丹青	走进民族纹样	与大师对话	岭南之光
	下	山河之歌	节徽设计	笔墨寻迹	"星星河"报社
六年级	上	动漫社	板报设计	梦幻之旅	成长之路
	下	笔墨书韵	方寸之间	流光溢彩	再见母校

三、学科课程内容

"七彩美术"学科课程建设以课程目标的达成为导向,课程具体内容设置如下(见表6-3):

表6-3 "七彩美术"学科课程内容表

	课程名称	课程内容
一年级上	红黄蓝 圆方尖	认识运用基本的色彩和形状创作有趣的作品。
	剪剪贴贴	锻炼手脑并用,活用剪纸艺术。
	童画故事	欣赏同龄人的作品,讲述作品中的故事。
	迎中秋,送祝福	和家人共同制作中秋灯笼,体会亲子情和节日美好。
一年级下	走进大自然	观察花草树木,用简易的颜色、形状表达大自然的美。
	折折叠叠	纸艺的另一空间,体验纸由平面到立体的过程,练习手眼的配合。
	听颜色线条说	装饰画中没有过多的具体物象,通过想象讲述故事。
	劳动真光荣	运用综合材料制作一件劳动工具,牢记劳动精神的高尚。
二年级上	变色龙	在玩颜色中体会颜色变化的乐趣。
	玩泥巴好快活	巩固泥塑的基本手法,塑造好玩的造型。
	立体点线面	欣赏同龄人及大师的雕塑作品,感受空间魅力。
	年年有余	理解有趣的寓意,运用多种手工技法创作。
二年级下	黑白灰	感受不用色彩,只用点线面组合成花纹,用深浅表达空间。
	彩泥俱乐部	运用彩泥,根据主题,创作身边的人和物。
	我的彩泥世界	欣赏同龄人的泥塑作品,讲述精彩故事。
	爸爸妈妈我爱你	运用身边材料制作母亲节、父亲节礼物,表达对父母的爱。
三年级上	我的"伙伴"	运用线描手法描绘熟悉的物件,并具备一定的装饰性。
	变废为宝	收集、整理、改造废旧品,制作玩具。
	请听我说	每件作品都有自己的生命,听听它们有什么经历。
	时装嘉年华	通过合作,运用综合材料制作好玩有趣的服装。

续 表

	课程名称	课程内容
三年级下	日记画	用线描手法画出自己亲身经历的趣事。
	创意森林	寻找自然媒材制作有趣的装饰及实用品。
	无字书	欣赏精彩的连环画,理解作品背后的故事,并尝试创作。
	粽情、竞渡	运用手工和绘画创意制作端午节的标志物品——粽子、龙舟。
四年级上	我也是大师	欣赏名作的同时,用自己喜欢的手法对名作进行再创作。
	有版有眼	通过动手刻、剪、贴、印的手法,最大限度地激发兴趣和想象力及创造意识,在创作中体会版画艺术的表现力以及个性化表现语言的魅力。
	名作背后的故事	了解名作背后包含的深厚历史文化故事,能讲述、描绘、制作简易的研究报告。
	可爱的祖国	向可爱的祖国献礼,学生之间合作制作一件手工让世界认识祖国的精彩。
四年级下	"画"说二十四节气	从传统节日中挖掘传统文化资源作为课程资源,传承和发扬民族优秀文化传统中洋溢着的浓郁的人文之美。
	纸艺坊	在剪贴、折叠纸艺的基础上,了解并初步制作纸立体雕塑。
	名作欧美行	讨论探究欧美雕塑、建筑、工艺,透过艺术的窗口了解世界文化、历史。
	放眼世界	世界文化差异大,通过对服饰、饮食、化妆研究和模仿,感受不一样的民族风情。
五年级上	水墨丹青	笔墨纸砚、浓淡干湿是中华民族特有的艺术形式,学会欣赏及运用基本技巧,领悟其独特魅力。
	走进民族纹样	民间艺术装饰纹样的造型和形式,突出地表现了各地不同的风俗民情,有着显著的地方文化色彩。民间艺术作品出于民众之手,显示内心的美好愿望和质朴的审美观点。通过学习民间艺术品,发现深藏于其中的审美意蕴和文化内涵。
	与大师对话	古代、近代、现代国艺大师以不同的艺术风格演绎时代旋律,与作品对话,与大师对话,穿越时空,解读国画艺术的来世今生。
	岭南之光	岭南画派独有历程为世人呈现别样的风貌,通过临摹、再创作及研究报告感受本土大师们的所思所想。

续 表

	课程名称	课程内容
五年级下	山河之歌	用水墨特有的手法表现祖国山河的雄壮。
	节徽设计	运用几何体、物象组合,为缤纷的节日设计创意的节徽,铭记特殊的日子。
	笔墨寻迹	欣赏古代、现代书法家的书法作品,了解书法艺术,为接下来的学习打好基础。
	"星星河"报社	报社是信息化的媒体标志之一,学会基本的排版、构图。了解报社的基本运作。
六年级上	动漫社	通过临摹、创作,明白动漫已成为艺术领域的重要组成部分。
	板报设计	学会排版以及标题、正文抄写的基本技巧,并积极运用到校园文化中。
	梦幻之旅	在动漫临摹设计的基础上,开展简单的角色模仿,合作制作服装道具并表演。
	成长之路	制作自己成长的手帐,了解手帐基本制作方法和意义。
六年级下	笔墨书韵	通过对欧体系统点画、间架结构的学习,培养对毛笔书写的兴趣,养成良好的写字习惯,在课堂上以故事、动画的形式有机地融入书法理论知识。培养学生的观察能力,促进养成细致、专注的品格,培养良好的审美情趣。
	方寸之间	篆刻艺术与水墨丹青均为中华民族特有,学会运用合适的工具临摹、创作简单的篆刻作品。
	流光溢彩	观摩本区或本市的著名艺术博物馆,体验身临其境的美妙,并用文字和简单的图形记录作品的信息与感受。
	再见母校	与师生讨论并合作,运用多元的素材媒体,如手工、绘画、视频等表达对母校的感谢。

第四节　缤纷课程开拓七彩视野

《义务教育艺术课程标准(2022年版)》中提出:艺术教学要以立德树人为根本任务,以核心素养为导向。教师要深入理解艺术课程的性质、理念、目标、内容、学业质量,充分考虑学生的身心发展、个性特点和学习经验,设计并实施教学。坚持以人为本,强化素养立意。重视知识内在关系,加强教学内容有机整合。注重感知体验,营造开放的学习情境。善用多种媒材,有机结合继承与创新。建立激励机制,激发学生的艺术潜能。[①] 在实践的基础上继续探索,在努力实现国家课程、地方课程等规定性课程优质化的同时,积极探索校本课程的建设,使校本课程开发与实施能更好地服务教学、服务于学生,有效地促进学生健康成长。最终塑造学生健康的人格,培养学生的艺术审美情趣和积极向上的价值观,具体而言,包括以下五个方面。

一、建构"七彩课堂",彰显美术课堂的特色

我校美术课堂以学生创作为中心,展现课堂教学的轻松、斑斓、有趣、精彩。"七彩课堂"在愉快和谐的氛围中进行,诱发学生的创作兴趣,鼓励学生发挥想象力,赞扬学生之间的合作精神,提高学生的审美能力。通过观察、思考、讨论、操作、展示、评价等多种方法让学生体会造型的魅力,汲取优秀文化的养分,获得良好的情感价值观,学习绘画、手工创作技能。

(一)"七彩课堂"的教学环节

在构建"七彩课堂"中,需要教师深入示范和创作指导,抓住"多途径创作"这一核心去设计教学,建设符合我校美术学科实际的"七彩课堂"。七彩课堂实施的基本思路是:学生为本,教师为主导,创设情境,培养情感,师生互动,生生互动,以创作促进交流,以交流促进创作。我校美术课堂教学环节如下:"情景导入"——"作品分析"——"创作表现"——"欣赏交流"——"情感升华"。

---

① 中华人民共和国教育部.义务教育艺术课程标准(2022年版)[S].北京:北京师范大学出版社,2022:111—113.

1. 情景导入

教师依据教学内容,设置有趣、有悬念的语言、音乐情境,引导学生在情境中思考,诱发学习兴趣,调整情绪投入创作。

2. 作品分析

经典优秀作品能快速提高孩子的审美能力。学生通过教师引导或自主完成欣赏、分析、思考,构建创作的基本思路,为创作做好准备。

3. 创作表现

经过创作前的观察、思考、分析后,学生将刚学到、体会到的方法,运用材料和工具,表现出自己眼中的视觉世界。这是学生最投入的时刻,是技能练习、感受创作乐趣的精彩时刻。教师从旁指导,助力学生的创作体验达到高峰。

4. 欣赏交流

创作是耕耘,交流是收获。通过作品的展示,相互欣赏,发现不足,提出修改建议,学生在交流中提高技能知识以及情感认知。

5. 情感升华

每次创作、每件作品都有精彩的过往和可期的未来。通过故事讲述、历史事件、时事陈述,学生学会感受世界的精彩从而爱世界,学会体会创作过程的美从而爱创作。

(二)"七彩课堂"的评价

"七彩课堂"在实施过程中,坚持以生为本,通过发挥教师的主导作用,引导学生在宽松和谐的气氛中,以多种方式思考、创作、交流,从而获取知识、掌握技能,感受美术的多彩绚丽。

"七彩课堂"的评价维度包含课程目标的达成,课程具体内容表现,教学过程与教学方法,课堂上学生发挥自主能动性的情况,对课堂的总体评价与分数统计,课堂亮点与建议等方面。具体如下(见表6-4):

表6-4 "七彩课堂"评价表

项目	评价内容	分值	得分
课堂目标	师生互教互学。	10分	
	生生相互交流,相互影响,相互补充。	10分	

续 表

项目	评价内容	分值	得分
	在互动中发挥个性和创造力。	10分	
课堂内容	教师设计有效的教学环节,简单明了地讲述演示重难点。	10分	
	课堂上能完成教学目标,解决重难点。	10分	
	能加强学生思考。	5分	
教学过程	师生共同参与,形成合力,促进学生的主动发展,提高课堂效率。	10分	
	能够创造性地实现教学目标。	5分	
教学方法	学生自组织课堂讨论、交流活动。	10分	
	他组织课堂讨论、交流活动。	5分	
	在对学、群学、展示中合作学习。	5分	
自主度	根据教学条件,提供适当的空间,发挥学生主观能动性。	5分	
	让教学过程成为学生发现问题、提出问题、解决问题的过程,让学生自主探究,突出学生的主观能动性。	5分	
课堂总体评价	合计	100分	
本课亮点			
建议			

二、建设"七彩美术"课程,让美育植入儿童心灵

美术学科由于自身的学科特点和课时制约,更需要校本课程的补充,以此来丰富

学生的美术知识。"七彩美术"课程是对学生进行美育的一个主要途径，是课堂教学的补充和延伸，是义务教育艺术课程的重要组成部分，是培养学生美术特长的重要阵地。

（一）"七彩美术"课程的建设思路

（1）发掘生活美。生活处处皆有美，美创造好生活。在课程学习及生活中，教师可引导学生学会观察，发掘美，并在思考中进行美的再现，再创作。

（2）聚焦经典美。经典作品浓缩一个时代艺术家的审美意识、审美情趣与审美品位，通过欣赏、分析、模仿能快速学习到艺术家的表现手法、技能、创意，它是快速提高审美情趣和能力的重要途径。

（3）开发本土美。积极开发本土文化资源，传承本土文化，激起文化共鸣，是教育工作者、文化传承者的重任，通过美术课堂中直观、有趣的教学，使学生情感逐步深入。如将"南海丝路"波罗诞、波罗鸡、"香雪"等元素融入美术课堂，引导学生对本土文化的重视和热爱。

（4）环境美育人。结合学校班级和校园文化氛围的营造，通过"大师墙""专题楼梯""个人书画展"等活动，激发学生创作的兴趣。从欣赏、创作、交流等方面，多维度提升和促进学生的美术素养。

（二）"七彩美术"课程的评价

结合"七彩美术"课程的建设思路可以判断，优秀的课程具有目标明确、关注生活；聚焦经典、提高审美；多元发展、增强自信等特点。

第一，"七彩美术"课程需要明确的教学目标，能够把学科外延到生活中，为学生树立学习信心，促进学生在美术学习方面的发展。

第二，"七彩美术"课程聚焦经典名作，以系统学习快速提高学生的审美情趣和审美能力。通过时间、内容、形式，整合艺术大家的作品，融会贯通丰富课程内容，构建美术学习的"大染缸"，让学生浸润其中，感受艺术魅力。

第三，"七彩美术"课程提倡学习内容多样，学生多元发展，增强学生自信。课程建设过程中不仅注重内容，教师在教学过程中及时反思总结，追求最佳的教学效益，致力于培育有想法有个性的新时代学生，推动美术课程持续发展。"七彩美术"课程评价将从课程纲要、实施方案、活动记录等方面进行，具体内容如下（见表6-5）：

表6-5 "七彩美术"课程评价表

项目	评价内容	等级
理念	课程内容有价值,满足学生兴趣发展和个性发展的需求,内容具有延伸性、实用性等,并能根据学情及时调整。	
设计	制定以学生多元发展为主的课程纲要,并根据课程纲要制订课程实施计划。	
实施	根据教学计划精心备课,注重美育,因材施教,认真指导。课程实施能以一带面,满足学生兴趣发展,重视发展学生的个性特长,能开发有历史性、代表性的适合学生特点的美术课程,重视培养学生实践能力和创造能力,受到学生喜爱。	
评价	制定个性化评价体系,关注学生成长的价值,注重学生的个性和特长发展,关注学生基本知识学习的过程,重视过程性和发展性评价。	
反思	根据课程纲要的设计、课程实施和课程评价等获得准确的信息反馈,帮助美术教师不断改进教育教学工作,追求最佳的教学效益,促进美术教师职业素质和能力的提高,推动美术课程持续发展。	
课程亮点		
建议		

三、发展"七彩社团",推进美术兴趣爱好课程

"七彩社团"是美术学习的重要组成部分,是"七彩美术"课堂的补充和延伸,与课堂教学相比更具灵活性、实践性、创造性和时效性。它为学生提供了一个全方位的展

示平台,能发掘孩子们关于美术的兴趣爱好,引导学生体会美术学习的乐趣。

(一) "七彩社团"的实践与操作

我校"七彩社团"以学生艺术特长发展为本,设计了形式多样的社团教学内容,旨在提高学生的绘画水平、绘画能力、创作能力以及美术素养,为建设特色美术社团探索出一条切实可行的道路。

1. 社团丰富,燃起兴趣的火苗

丰富多彩的美术社团,充分体现美术学习的生活化、社会化。

2. 各具特色,走进专业的领域

各社团都由专任的美术老师授课,每个课程配备两名美术老师,一名老师负责教学活动的内容与安排,另一名老师则负责考勤及课堂记录拍照,协助学生完成课堂学习任务。学校充分考虑教师在美术专业领域的修养,在自愿的基础上统筹调配,在带领学生走进专业领域探索的同时实现教学相长。

3. 时间固定,体验自主的趣味

学校根据场地、师资、社团人数等情况统筹安排社团时间。在固定的时间安排社团课程,既满足了学生学习的渴望,也便于教师、学校的安排。根据课程内容的不同,面向不同年级招募学员,每个社团尽量不超过30人,以保证最佳的学习效果,场地方面则充分利用全校功能场室及教学课室。"七彩社团"具体设置如下(见表6-6):

表6-6 "七彩社团"设置表

年龄段	社团名称	社团简介
低年段	日记画社	本社团用绘画的方式写日记,用线条来记录自己的所见所闻所感,用简短的文字表达内心的思想感情。用绘画写日记的方法,可以使学生观察力、想象力、记忆力得到发展,使眼手得到锻炼,为创作积累题材。
中年段	橡皮图章雕刻社	本社团丰富了学生的课余生活,增长了学生对中华传统文化的认识,同时也锻炼了学生对事物的观察能力和细致的动手能力,得到了学生的喜爱和积极参与。

续 表

年龄段	社团名称	社团简介
高年段	"星星河"报社	"星星河"报社是应学校文化发展和班级文化展示需要而产生的。社团课的系统学习和各类主题活动,帮助学生了解星星河黑板报内容的构成,提高学生设计黑板报的能力,鼓励学生热爱集体、热爱美术,提高美术素养。
全年段	名画欣赏社	审美从欣赏开始,名画欣赏社在带领学生学会自主赏析名画的基础上,鼓励学生自选素材。从查阅资料到PPT制作到赏析展示,让学生在赏析的过程中,不仅仅学会赏析方法,还从中感受不同的艺术家带给我们的不同艺术态度和审美追求。

(二)"七彩社团"的评价要求

依据新课程标准"为学生全面发展而评价"的理念,我们构建了一个全面的、重过程、重创新的美术教学体系,以教学目标为评价依据,注重对学生学习目的、态度、审美意识的评价,注重对学生想象力和创造力的评价。通过教学的发展性评价,有利于发挥学生主体性作用,促进学生个性化发展,强化评鉴评价的发展功能及内在激励的作用。教师要积极改善课程设计,完善教学过程,从而有效地促进学生的全面发展。"七彩社团"的评价参照以下标准:

第一,"七彩美术"的每一项课程都有完整的教学活动记录,操作性强,每一项活动在学期末都会进行作品或成果展示,教师组织学生进行反思与小结。

第二,在社团活动中教师对学生进行专业的指导,但更多的是放开手让学生自主学习,发掘学生的创作潜能。

第三,制定有效的社团建设制度,力求社团的每一节课都高效率高质量地进行,充分体现各社团特色。

"七彩社团"以学生为主,以美育为重。教师们各司其职,努力培养学生美术学习的兴趣,积极发掘学生喜欢的美术内容,让每一个学生都真正感受到七彩美术的魅力。

四、建设"七彩美术"传统佳节手工制作亲子活动

家庭美术教育是对我们校内美术教育的一种弥补,一种拓展,一种升华。让学生们在家里和家长们一起参与佳节手工创作,能有效提高亲子交流的密度。透过一次次的佳节亲子手工制作活动,让传统节日有了满满的仪式感,增进家庭人员间的互动,提升心灵的沟通,也更好地弘扬了中国传统节日文化。建设"七彩美术"传统佳节手工制作亲子活动是具有重要意义的。

我们在认真学习中共中央办公厅、国务院办公厅印发的《关于实施中华优秀传统文化传承发展工程的意见》后,要求全体教师和学生充分利用课程资源,弘扬中华传统文化,增强全民文化自信。

我们以节日习俗为切入口,让学生理解并认同中国优秀传统节日文化。选择春节、端午、中秋这三个大节日为主题,以节日来历、节日习俗为教学线索,引导同学们通过寒假、暑假调查感受家乡的节日习俗,从而让学生从生活中发现、理解中国传统节日文化的内涵,认同中国优秀的传统节日文化。

我们还发掘学生家庭中丰富的教育资源,包括家长阅历和职业背景等,把课堂教学延伸到家庭,补充教学元素。

(一)"七彩美术"传统佳节手工制作亲子活动的内容

我们以学习为目的,以兴趣为纽带,为学生创造一个交流和学习的平台,营造丰富的校园文化生活,促进他们全面发展。假期亲子美术教育活动的设定,会让我们更有时效性、更有意义地做好校外美术活动的延伸拓展。丰富美术校外课程的种类和创作形式应当发挥家长强大的力量,这样可以更好地关注学生的需求、学科的需求及学校的需求。为了使我国的传统节日文化和美术生活紧紧地结合在一起,我校特设如下"七彩美术"中国传统佳节手工制作亲子活动,具体内容见表6-7。通过类似活动,学生对传统节日知识和技能有了一定的掌握,在家长协助下能够运用造型、表现、设计、应用等综合能力制作节日手工。

表6-7 "七彩美术"传统佳节手工制作亲子活动安排表

主题	目标	内容	备注
《迎中秋送祝福》灯笼	1. 深入了解中秋佳节的来历以及相关的民俗文化内涵,传承我国的民族文化,弘扬民族精神,培养爱国主义情感。 2. 利用废旧材料制作彩灯,增强学生变废为宝的创作意识和环保意识。	1. 围绕中秋灯笼全手工制作,部分小配件可利用成品。 2. 选材和造型上有新意。 3. 亲子合作选用环保材料制作灯笼。	作品中标识姓名、班级,制作悬挂的吊绳,以便校园布置。
《年味》系列	了解春节的风俗习惯,并通过欣赏感受创作作品,装扮春节热烈的气氛,培养热爱中华民族文化的情感。	1. 藏"年味":搜集5副春联和5个灯谜。 2. 记"年味":以自己的视角拍摄一组"年味"的照片。 3. 画"年味":画一幅过年的气氛作品。 4. 剪"年味":剪窗花装饰自己的家。 5. 塑"年味":用彩泥捏做一份"拿手菜"。	1. 自选2项创作。 2. 用自己的作品装扮房间,增添节日气氛。
《粽情竞渡》系列	1. 通过端午节教学活动,让学生加深对传统及节俗文化的了解,建立自己的价值观。 2. 在学习过程中,了解中华祖先的生活智慧,增强想象力和创造力,并在团结合作中加强美术知识与技能的学习。	1. 收集端午节由来的资料,如屈原生平、民俗民谣和民间故事,利用资料绘制连环画。 2. 了解有关端午节的民间美术作品,如手工缝制的香包、布老虎小肚兜、各具特色的长命锁、五毒窗花等,制作手帐。 3. 用纸材制作龙舟小摆件。	选择一项,亲子共同完成制作,并用照片和视频记录创作过程。

(二)"七彩美术"传统佳节手工制作亲子活动的评价

"七彩美术"传统佳节手工制作亲子活动评价是活动进行的有效保证。要实现活动的有效性、规范性,真正促进学生的发展,就需要搭建恰当的活动评价体系,对活动的评价应遵循综合性、针对性、有效性的原则,采用访谈记录、活动分析等方法及时进行。"七彩美术"传统佳节手工制作亲子活动评价细目如下(见表6-8):

表6-8 "七彩美术"传统佳节手工制作亲子活动评价细目表

项目	评价标准	等级	亮点	建议
主题	鲜明、突出、有代表性。			
	与传统节日有机结合。			
内容	内容丰满、典型,有说服力和感染力。			
	贴近生活实际,符合学生认知和情感发展规律。			
形式	形式多样,有利于学生的个性培养。			
	富有趣味性,节日氛围浓郁。			
过程	有亲子互动,主体作用与主导作用能共同发挥,活动有序,环节紧凑,学生积极参与合作。			
	活动组织有序、层次清晰。			
效果	学生掌握相应的知识与技能,作品精致,有创意,能自主收拾清理工具。			

五、创设"七彩美术节",营造美术课程氛围,构建多元舞台

为了促进校园文化建设,创建具有校园特色的美术氛围,搭建美术课程展示平台,构建多元舞台,让学生形成积极向上的风貌,提高学生整体素质,培养学生高尚的审美情趣和欣赏美、表现美的能力,给学生提供更多展示自我的舞台,学校每年都会举行艺术节,如"七彩美术节"。"七彩美术节"是学校艺术节中不可缺少的重要组成部分。

"七彩美术节"秉承了我校的"今天,你微笑了吗?"的办学理念,为期一个月的美术节可以说是学校最为隆重的一个节日。美术节不仅吸引整个学校的师生热情参与,还

会邀请学生和家长及其他学校共同参与,以创建一个沟通、交流、评价为一体的多元舞台。

(一)"七彩美术节"的主要内容

"七彩美术节"紧紧围绕学校艺术节主题,坚持以人为本,紧扣时代脉搏,弘扬中华民族优秀文化,开展具有时代特征、校园特色、学生特点的美术活动。它为学生提供了一个展现个性、陶冶情操、实践创新的平台,展示学生的美术特色和学习成果,提高学生学习积极性,努力使学生成为一个品性善良、聪慧好学、活力张扬、才艺多元、阳光自信的人。

表 6-9 "七彩美术节"安排表

时间	传统节日				特色节日		
	年级	节日	课程	实施	年级	课程	实施
1月	1—6年级	元旦	一年之计在于春	春天的色彩	二下	诗歌节	诗配画
2月		春节	传统节日	剪窗花 写对联	三上	剪纸节	剪贴我最棒
3月		妇女节	感恩母亲	做贺卡 康乃馨送妈妈	三下	泥塑文化节	泥板动植物
4月		清明节	缅怀先烈	观看爱国人士的相关电影 制作海报	四上	书法节	小小书法家
5月		劳动节	我劳动 我光荣	帮父母设计家务机器	四下	广告节	小小设计师
6月		儿童节	我们的专属节日	我们的服装秀	五上	动漫节	动漫人物设计
7月		建党节	童心向党	革命故事连环画	五下	名著节	四大名著角色画像
8月		建军节	军中风采	给军人画像	六上	山河风光节	描绘祖国山河
9月		教师节	感念师恩	画给老师的卡片	六下	博物馆节	我心中的珍品

续 表

时间	传统节日			特色节日		
	年级	节日	课程	实施	年级	课程	实施
10月		国庆节	我爱祖国	国庆手抄报	一上	大师	了解大师的作品
11月		植树造林日	植树造林,保护地球母亲	植树造林海报	一下	故事节	故事大王插画
12月		冬至	冬至情	美食冬至	二上	童话节	童话手帐

(二) "七彩美术节"的评价

"七彩美术节"课程评价是节日课程活动进行的有效保证,要实现节日课程活动的实效性、操作性,切实促进孩子的发展,需要搭建合理的课程活动评价体系,对节日课程活动的评价应遵循全面性、实效性的原则,采用记录分析等方法进行。"七彩美术节"评价细目如下(见表6-10):

表6-10 "七彩美术节"评价细目表

项目	评价标准	等级	亮点	建议
主题	趣味、实用、有明确的方向性。			
	与学校微笑教育相结合。			
内容	符合孩子生活实际、认知能力和情感发展规律。			
	内容丰富、典型,有说服力和感染力。			
	有实效性和趣味性。			
形式	形式多样,促进孩子的创意培养。			
	结构完整,有延伸性。			
	富有趣味性,孩子乐于参与。			
	环境创设丰富,氛围浓郁。			
过程	互动性强,主体性、主导性相促进。			
	组织有序,环节清晰。			

续 表

项目	评价标准	等级	亮点	建议
效果	活动主题突出。			
	孩子乐于参与,享受创作合作。			
	孩子掌握相应的知识与技能。			
	作品多样,孩子们的艺术素养得以提升。			

综上所述,透过"七彩美术"课程的熏陶,我们力图为孩子们搭建愉悦的七彩美术课堂,让孩子们在快乐中成长,在愉悦的氛围中收获知识。用七彩美术的润色孩子们的精彩童年。让教师们享受七彩美术课堂带来的乐趣,与孩子们共同成长!让"七彩美术"成为校园的一道亮丽的风景线。

(撰稿人:简嘉贤　麦辽霞　李慧勤　何垚　黄嘉雯　张苗琳　卢镇宇　潘雅丽)

第七章
趣味科学：在探索中追求真趣

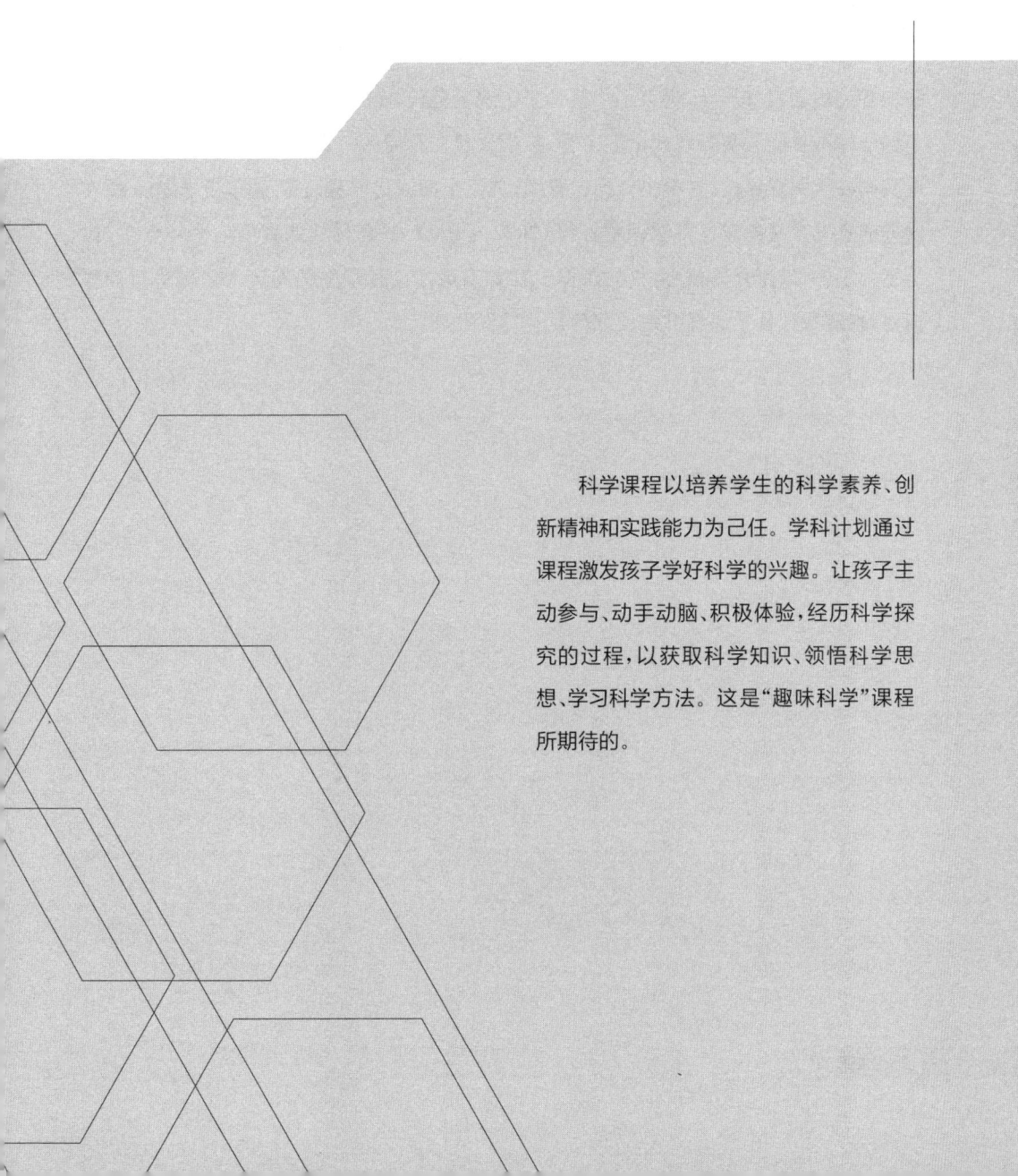

科学课程以培养学生的科学素养、创新精神和实践能力为己任。学科计划通过课程激发孩子学好科学的兴趣。让孩子主动参与、动手动脑、积极体验，经历科学探究的过程，以获取科学知识、领悟科学思想、学习科学方法。这是"趣味科学"课程所期待的。

广州开发区第二小学科学组现有专任教师3人,其中广州市骨干教师1人,学科带头人1人。按照学校制定的课程理念,教研组认真开展教研活动和备课活动,积极参加各类活动,获得了广州市小小科学家实践示范校,在科技创新学生技能大赛、广州市科学教师技能大赛等崭获诸多荣誉,教学质量在黄埔区一直名列前茅。为进一步推进我校科学课程建设,科学组依据教育部《关于全面深化课程改革 落实立德树人根本任务的意见》《义务教育科学课程标准(2022年版)》,围绕科学课程面向全体学生,以学生为主体,以探究为核心,科学课程内容要满足社会和学生的发展为目标进行课程构建,推进我校科学课程群建设,取得了可喜的成效。

第一节　科学探究助力儿童成长

《义务教育科学课程标准(2022年版)》指出,义务教育科学课程是一门体现科学本质的综合性基础课程,具有实践性。科学课程有助于学生保持对自然现象的好奇心,从亲近自然走向亲近科学,初步从整体上认识自然世界,理解科学、技术、社会与环境的关系,发展基本的科学能力,形成基本的科学态度和社会责任感,逐步树立正确的世界观、人生观和价值观,为今后学习、生活以及终身发展奠定良好的基础;有助于提高全民科学素质,促进经济社会发展和科技强国建设。[①]

一、学科价值观

义务教育阶段的科学课程是科学教育的重要组成部分,其承担着培养小学生科学素质的责任。学生对周围有强烈的好奇心和求知欲,这是推动学习的内在动力,小学科学课程将科学本质、科学思想、科学知识、科学方法等学习内容镶嵌在儿童喜闻乐见的科学主题中。因此,及早对他们进行科学教育,有利于帮助他们建立一些基本的科学概念,发展科学思维和语言能力,培养科学态度。义务教育阶段的科学课程是国家统一规定的、以提高学生科学素养为主要目的学科课程。

二、学科课程理念

根据《义务教育科学课程标准(2022年版)》指引,结合我校课程特点,我们试图在愉快的教学氛围里用有趣的探究主题、创新的探究模式、自主的探究空间培养学生提出问题的能力、收集和处理信息的能力、分析问题和解决问题的能力,从而在交流与合作中发展学生的创造性和批判性思维,享受获得科学真理的快乐,永远保持对科学的好奇心和求知欲。教研组拟定了我校科学课程的核心理念——趣味科学:在探索中追

[①] 中华人民共和国教育部. 义务教育科学课程标准(2022年版)[S]. 北京:北京师范大学出版社, 2022.1.

求真趣。

"趣味科学"是充满愉快的学科,在快乐的科学课程中,通过动手操作让每一名学生都能学习到科学知识,在获取知识的过程中感受到快乐,让学生们在学习中爱玩,愿意玩,真正成为科学课堂的主人公。

"趣味科学"是鼓励创新的学科,在"趣味科学"课堂中要实现教学目标应当以多样性的实验材料来激发学生的想象力,突破传统思维。对于科学课实验中学生出其不意的想法和思路,教师要有意识地加以引导和鼓励,使其发挥创造想象,进一步培养学生的创新精神,进而提高学生的创新能力。

"趣味科学"是一门以开展多种多样的探究活动为主要形式的学科。最有效的内化知识的方式就是亲身践行,最有效的强化技能的措施就是笃行,最有效的检验真理的方式就是实践。本课程将一个个简单、抽象的科学概念融入有趣形象的探究实验中去,学生只有通过小组的合作,仔细的观察,认真的对比与交流才能理解和领悟其中的道理和知识。丰富多彩的探究活动有助于激发学生的学习兴趣,培养学生的科学素养,提高学生对科学本质的认识。

"趣味科学"是一门不断追求真理的课程。人们认识世界的过程其实就是一个离真理越来越近的过程。从小养成对"真"的追求,有助于良好品质的树立,有助于正确的人生观、价值观的形成。课程的学习过程恰恰就是在每一次的体验、探究、活动中,通过大胆的猜测,合理的推测,反复的验证,最终获得真理,相信真理的过程。

第二节　探究科学领悟学科思想

"趣味科学"在《义务教育科学课程标准(2022年版)》指导下,学生通过科学课程的学习能保持和发展对自然的好奇心和探究热情;理解与认知水平相适应的科学概念,并能应用于日常生活;体验科学探究的基本过程和方法;形成尊重事实、乐于探究的科学态度,初步形成对科学的认识。为了实现上述目标,现提出我校具体科学学科目标。

一、学科课程总目标

《义务教育科学课程标准(2022年版)》指出科学课程是培养学生的核心素养,为学生的终身发展奠定基础的一门课程。通过科学的学习,学生能掌握基本的科学知识,形成初步的科学观念,并能用于解释有关的自然现象,解决简单的实际问题;掌握基本的思维方法如掌握分析与综合、比较与分类、抽象与概括、归纳与演绎、联想与想象、重组思维、发散思维、突破定势等,具有初步的科学思维能力如模型建构能力、推理与论证能力、创新思维能力;掌握基本的科学方法如观察、实验、测量、推理、解释等,具有初步的探究实践能力如技术与工程实践能力、自主学习能力;树立基本的科学态度,具有正确的价值观和社会责任感,具有对自然现象的好奇心和探究热情。[1]

1. 科学知识目标

了解物质的基本性质和基本运动形式及生物体的主要特征,认识生物体与环境的相互作用。了解太阳系和星座,认识地球的面貌,了解技术是改变世界的力量。

2. 科学探究目标

了解科学探究是获取科学知识的主要途径,能通过多种方法寻找证据,运用创造性思维和逻辑推理解决问题,并有效表达,与他人交流自己的观点。随着证据的不断增加,能完善和深入自己的观点,通过分析、综合、比较、分类、抽象、概括、类比等思维方法,发展学习能力、思维能力、实践能力和创新能力。

---

[1] 中华人民共和国教育部.义务教育科学课程标准(2022年版)[S].北京:北京师范大学出版社,2022.6—7.

3. 科学态度目标

对自然保持好奇心和探究热情,乐于参加观察、实验、制作、调查等科学活动,乐于倾听不同的意见和理解别人的想法,善于从不同角度思考问题,敢于大胆质疑,能够主动与他人合作,积极参与交流和讨论,尊重他人的情感和态度。

4. 科学、技术、社会与环境目标

初步了解所学的知识在日常生活中的应用,了解人类活动对自然环境的影响,了解科学技术的研究和应用需要考虑道德价值取向,热爱自然,珍爱生命,具有保护环境的意识和社会责任感。

二、学科课程年段目标

基于学生的年龄特征与认知规律,我们以教育科学出版社教材为基础,依据我校"趣味科学"课程群的学科课程理念,确立我校系统的科学课程体系目标,逐步提升学生科学素养及科学探究能力。根据《义务教育科学课程标准(2022年版)》我校一至六年级具体分类目标见表7-1至表7-6。

表7-1 "趣味科学"课程一年级目标表

学期 单元	一年级上学期	一年级下学期
第一单元	共同要求 1. 知道动物都是生物。 2. 能说出常见的动物名称和动物的特征。 校本要求 1. 知道动物都能新陈代谢,都会生长、衰老、死亡等。 2. 能说出校园常见鸟类的名称、特征。	共同要求 1. 知道植物都是生物。 2. 能说出常见植物的名称和植物的特征。 校本要求 1. 知道植物都能新陈代谢,会进行光合作用等。 2. 能说出校园常见植物的名称、特征。
第二单元	共同要求 1. 知道磁铁能吸引铁制物体,这种特	共同要求 1. 知道水和空气具有无色、无味、会

续　表

学期＼单元	一年级上学期	一年级下学期
	性叫磁性。 校本要求 1. 能找出身边运用了磁性的物品。	流动的特征。 校本要求 1. 能说出水和空气的共同特征。
第三单元	共同要求 1. 知道物体的颜色、形状、轻重、薄厚等特征。 校本要求 1. 能说出宇航服所用的材料具有什么特征。	共同要求 1. 知道不同物体间有许多相同和不同的特征，可以根据这些特征对它们进行分类。 校本要求 1. 能找出同一种材料制作的不同物品。

表7-2　"趣味科学"课程二年级目标表

学期＼单元	二年级上学期	二年级下学期
第一单元	共同要求 1. 能够通过外部观察了解身体的基本结构。 2. 能够通过比较、测量，知道身体在生长变化。 校本要求 1. 能说出人身体的基本结构。 2. 能指出过去和现在身体的不同之处。	共同要求 1. 能够通过外部观察了解动物的基本结构。 2. 能够通过比较、测量，知道动物在生长变化。 校本要求 1. 能说出校园鸟类身体的基本结构。 2. 能指出幼年和成年鸟类身体的不同之处。
第二单元	共同要求 辨识多种物品的材料，区分出同一类物品的不同材料。 校本要求 能用磁铁识别不是用铁材料制作的物品。	共同要求 能对常见废旧物品进行分类，知道节约资源、保护环境。 校本要求 能说出垃圾分类的标准。

续表

学期 单元	二年级上学期	二年级下学期
第三单元	共同要求 认识自然世界和人工世界常见的材料。 校本要求 能说出宇宙飞船所用的材料具有哪些重要特征。	共同要求 知道磁铁会指向南北。 校本要求 能用指南针判断教室、会议室、操场的方向。
第四单元	共同要求 知道磁铁能吸引铁制物体,这种特性叫磁性。 校本要求 能用磁铁拼接成不同形状的平面图形。	共同要求 知道磁铁能吸引铁制物体,这种特性叫磁性。 校本要求 能用磁铁搭建不同造型的立体建筑。

表7-3 "趣味科学"课程三年级目标表

学期 单元	三年级上学期	三年级下学期
第一单元	共同要求 1. 知道水在一定条件下会变成水蒸气。 2. 知道当环境温度低于0摄氏度,水会结冰,高于0摄氏度,冰开始融化。 3. 水有溶解能力。 校本要求 1. 能通过实验知道水在什么条件下变成水蒸气。 2. 能通过家里的实验制作冰块,并观察记录其融化的过程。 3. 知道热水和冷水的溶解能力是不一样的。	共同要求 1. 能通过观察知道物体是运动还是静止,学会如何判断并描述方向和距离。 2. 能通过实验观察知道斜面能省力。 3. 知道不一样的运动方式有快慢之分。 校本要求 1. 能通过游戏告诉同学你把书放在学校的什么位置。 2. 知道人行天桥、桥梁斜坡有些走起来不累有些很累的原因。 3. 能通过赛跑游戏知道我们的运动有快慢之分,同样的交通工具也有快慢之分。

续 表

学期\单元	三年级上学期	三年级下学期
第二单元	共同要求 1. 知道空气是有质量的,并且占有一定空间。 2. 知道空气受热后会上升。 3. 知道空气的流动会形成风。 校本要求 1. 能举生活中的一个例子说明空气占据空间。 2. 能够制作一个孔明灯并让其上升,知道其上升原理。 3. 能够借用多种手段观察空气流动的方向。	共同要求 1. 能够观察记录蚕一生各个阶段的不同变化。 2. 知道不同动物的卵的各种不同之处。 3. 知道绿色开花植物生长会经历一定的生命周期:种子萌发、幼苗生长、营养生长、开花结果。 校本要求 1. 在家长的帮助下能养一种小昆虫,记录其一生。 2. 能通过观察记录讲出鸡鸭蛋的不同之处。 3. 能在校园里观察记录凤仙花从种子到开花的过程。
第三单元	共同要求 1. 能够测量物体的长、重、大小等,并将其记录下来。 2. 知道天气每天都在发生变化,天气变化有一定的规律。 3. 能通过改变方法和程序提高工作效率。 校本要求 1. 能通过测量工具知道物体的特征。 2. 通过观测能描述天气情况。 3. 能通过讨论或观察记录说出一些无效率的工作例子,并通过这些例子知道怎么改变。	共同要求 1. 通过资料收集分享关于太阳、月球的知识。 2. 知道太阳、地球、月亮之间的关系。 3. 知道阳光下物体的影子在一天中变化的规律。 校本要求 1. 能说出关于宇宙的一些知识。 2. 通过太阳、地球、月亮的自转和公转知道月相或日食、月食的规律或原理。 3. 能通过早中晚的观察,记录自己的影子变化。

表7-4 "趣味科学"课程四年级目标表

学期 单元	四年级上学期	四年级下学期
第一单元	共同要求 1. 会根据天气现象来描述天气。 2. 知道一些常见的天气符号。 3. 能运用感官观察天气。 校本要求 1. 知道如何使用气温计。 2. 能通过自己的观测制作一星期的天气日历。 3. 能根据天气规律预测未来的天气。	共同要求 1. 能分析简单电路。 2. 能说出几种常见的电路故障。 3. 能区分导体与绝缘体。 校本要求 1. 能画出简单电路的电路图,并根据电路图连接电路。 2. 能观察发现电路中的故障,并解决。 3. 能用不同的电路连接方式,使小灯泡亮起来。
第二单元	共同要求 1. 知道哪些物质可以被水溶解,哪些不能被水溶解。 2. 知道加快溶解速度的方法。 3. 知道如何分离食盐和水。 校本要求 1. 能具体描述水溶解物质时发生的现象。 2. 知道液体之间也会发生溶解现象。 3. 知道如何分离糖和水。	共同要求 1. 能分辨出生活中常见的花。 2. 能说出花的基本结构。 3. 能说出几种植物传播种子的方式。 校本要求 1. 辨别雄花和雌花。 2. 能说出种子萌发的过程。 3. 能介绍几种卵生动物。
第三单元	共同要求 1. 知道声音是如何产生的。 2. 知道影响声音音量和音高的因素。 3. 知道声音的传播方式及身边的声音是如何传到我们耳边的。 校本要求 1. 能理解声音传播需要介质。 2. 能使用尺子发出不同音高的声音。 3. 能说出保护听力的良好习惯。	共同要求 1. 能说出自己一天吃的食物名称。 2. 能介绍几种营养成分的作用。 3. 能描述面包发霉的现象。 校本要求 1. 能说出自己一天摄入食物的营养成分。 2. 能介绍一些可以生吃的食物。 3. 能说出减缓食物变质的方法。

续 表

学期 单元	四年级上学期	四年级下学期
第四单元	共同要求 1. 能说出人身体的基本结构、主要器官。 2. 能理解骨骼、关节和肌肉三者之间的关系。 3. 能懂得人体各个器官之间的相互协助运作。 校本要求 1. 能描述自己的身体结构，认出对应的器官。 2. 能说出人在跑步过程中，身体的器官是如何相互协助运作的。 3. 知道食物经过口腔后在身体里的变化。	共同要求 1. 能说出常见的岩石名称。 2. 能说出岩石的主要组成成分。 3. 能描述矿物的外貌特征。 校本要求 1. 能通过自己的统计知道学校大概有多少种岩石。 2. 能介绍几种不常见的岩石。 3. 知道如何才能保护好一些稀有的岩石。

表 7-5 "趣味科学"课程五年级目标表

学期 单元	五年级上学期	五年级下学期
第一单元	共同要求 1. 知道种子发芽需要的条件。 2. 知道蚯蚓喜爱的生活环境。 3. 知道如何维护生态平衡。 校本要求 1. 能描述绿豆芽的生长过程。 2. 能说出海洋的食物链和食物网。 3. 能自己动手制作一个生态瓶。	共同要求 1. 能通过观察知道物体是沉还是浮。 2. 知道影响物体沉浮的因素。 3. 知道浮力是怎么影响物体的。 校本要求 1. 能通过实验使同一种物体下沉和上浮。 2. 能自己制造一条能在水面上浮起来的小船。 3. 能清楚说出马铃薯沉浮的原因。

续 表

学期 单元	五年级上学期	五年级下学期
第二单元	共同要求 1. 知道光与影子是互不分离的。 2. 知道光是如何传播到我们眼睛的。 3. 知道光与热的关系。 校本要求 1. 能说出影响影子大小的因素。 2. 能说出生活中光的反射的例子。 3. 能说出太阳能热水器的原理。	共同要求 1. 知道给物体加热的方法。 2. 知道空气和液体都存在热胀冷缩。 3. 知道热在传递过程中会有损失。 校本要求 1. 能描述空气热胀冷缩的现象。 2. 知道固体也存在热胀冷缩。 3. 能自己设计一个保温杯。
第三单元	共同要求 1. 能简单说出地球表面总的地形概貌。 2. 知道河流、海洋、山脉等地形的特点。 3. 知道地形发生变化的原因。 校本要求 1. 能理解地球会发生内部运动，会受到外力作用。 2. 能描述风化作用带来的现象。 3. 知道人类活动也会影响地表形态，甚至加剧自然灾害。	共同要求 1. 理解时间流逝的永恒性。 2. 能设计实验用水测量时间。 3. 知道钟摆的规律。 校本要求 1. 能用环保材料设计一个水钟。 2. 能自己边演示钟摆边解释其中的规律。 3. 能动手做一个十分钟计时器。
第四单元	共同要求 1. 知道物体运动的几种形式。 2. 知道力有大小和方向。 3. 知道影响摩擦力大小的因素。 校本要求 1. 知道如何测量、比较运动的快慢。 2. 知道力的单位以及如何测量力的大小。 3. 知道摩擦力的利弊。	共同要求 1. 知道产生昼夜交替现象的原因。 2. 知道地球的演变历史。 3. 知道地球时刻在自转、公转。 校本要求 1. 能设计实验证明地球在自转。 2. 能理解地球两极为何"不动"。 3. 能说出一年为何会有四季。

表7-6 "趣味科学"课程六年级目标表

学期 单元	六年级上学期	六年级下学期
第一单元	共同要求 1. 知道机械指的是力学原理组成的工具。简单机械又被人们习惯地称为工具。 2. 杠杆、滑轮、斜面等都是机械。 校本要求 1. 能利用不同工具解决问题并且知道原因。 2. 能利用定滑轮和动滑轮，组成一个滑轮组。 3. 认识杠杆省力、费力和不省力、不费力的规律。	共同要求 1. 会使用放大镜，并知道放大镜广泛应用于人们生活生产的许多方面。 2. 能利用放大镜组装简易显微镜。 3. 能仔细观察显微镜下的生物细胞并画图记录。 校本要求 1. 能利用放大镜解决问题。 2. 能自制溶液晶体去观察记录。 3. 能通过观察知道我们身边有很多肉眼看不到的微小生物。
第二单元	共同要求 1. 知道横梁的增加可以增加抗弯曲能力，随着横梁的厚度的增加，抗弯曲能力也得以增加。 2. 知道改变材料的形状，可以改变材料的抗弯曲能力。 3. 知道三角形框架具有稳定性，利用三角形框架可以加固框架结构。 校本要求 1. 能用不同厚度的纸证明抗弯曲能力的增加。 2. 能通过外形判断出桥梁是用什么结构设计的。 3. 能利用材料设计一座框架结构的小电塔。	共同要求 1. 知道物质的变化可以划分为物理变化和化学变化，它们的区别在于是不是产生了新的物质，并能正确分辨。 2. 知道锈的原因与水和空气有关。 3. 知道人类进行的所有生产活动和人类的生活，都是利用了物质的变化。 校本要求 1. 能根据身边的物质变化，说出它们属于物理变化还是化学变化。 2. 能通过实验知道铁生锈，以及怎样改变生锈速度或不让铁生锈。 3. 能通过阅读教材知道物质的变化与人类生产生活的紧密关系。

续 表

学期 单元	六年级上学期	六年级下学期
第三单元	共同要求 1. 知道电流可以产生磁性。 2. 知道玩具小电动机的功能是把电变成了动力。 3. 知道电能可以转化成其他形式的能量，其他不同形式的能量间也能发生转化。 校本要求 1. 能利用材料做一个电磁铁。 2. 能通过改变电流改变小电动机的转动方向。 3. 能利用小电动机的动能使电灯泡发光。	共同要求 1. 知道月球是地球的卫星，在运动方式、体积大小、引力大小、表面特征等诸多方面与地球不同。 2. 能利用想象推理，对太阳系的认识由浅入深，在头脑中建立思维模型，能认识到太阳系的复杂性和规律性。 3. 知道日食和月食是太阳、地球、月球三个天体运动形成的天文现象。 校本要求 1. 能通过观察记录知道月亮的月相变化并找到规律。 2. 能制作出太阳行星模型，并能摆放正确它们的具体位置。 3. 能通过设计实验知道日食和月食的成因。
第四单元	共同要求 1. 知道周围生活着的生物是多种多样的。 2. 知道同一种生物的不同个体之间也存在着差异。 3. 知道保护生物多样性就要保护它们生活的环境。 校本要求 1. 能通过调查发现我们身边有多种生物。 2. 能通过调查探究发现我们同学间也有很多差异。 3. 能写一份自己保护环境的行为准则。	共同要求 1. 知道人们在生活中会产生大量成分复杂的垃圾，这些垃圾一经丢弃会给环境带来污染。 2. 知道减少垃圾很重要，它能从源头上解决垃圾问题。过度包装会造成资源浪费且产生大量垃圾，滥用塑料袋也会造成环境污染。 3. 通过做实验知道简单的填埋同样会污染环境。 校本要求 1. 能通过自己的统计知道自己一天的垃圾丢弃量，知道垃圾的种类。 2. 能通过垃圾源头的调查，影响身边的人注意保护环境，减少丢弃问题。 3. 能通过设计实验知道处理垃圾的方法会影响环境，有强烈的资源意识和环保意识。

第三节　多维课程培养科学素养

我校科学课程框架是根据《义务教育科学课程标准(2022年版)》标准体系进行构建的,课程内容涵盖6个年级,12个学期,分为基础课程与拓展课程。基础课程是围绕课程目标开展的必修课程,拓展课程是基于基础课程,以选修形式展开的拓展性活动后进行细化的课程。

一、学科课程结构

《义务教育科学课程标准(2022年版)》指出:科学课程设置13个学科核心概念,是所有学生在义务教育阶段应该掌握的科学课程的核心内容。通过对学科核心概念的学习,理解物质与能量、结构与功能、系统与模型、稳定与变化4个跨学科概念。将科学观念、科学思维、探究实践、态度责任等核心素养的培养有机融入学科核心概念的学习过程中。[①]

依据《义务教育科学课程标准(2022版)》相关要求,结合小学科学学科核心素养、小学生的发展特点以及我校学生的学生特质,我们开设了"智趣科学"拓展性课程,包含"趣味生物坊""趣味格物坊""趣味太空舱""趣味智造坊"四大类别,且每个年级设有符合本学段学生认知发展水平的相应课程内容。学科课程设置基本结构如图7-1。

具体内涵如下:

科学课程的学习,必须注重学生科学探究体验。小学科学课程是一门基础性课程,科学教育对学生科学素养的逐步形成有着十分重要的作用,所以我校特别重视学生在科学学习中科学探究的体验及相关能力的培养。从一年级开始通过观察探究认识物体和液体的特征,二年级从材料的分类及磁铁的作用再到我们身体不一样的探究,三年级从水、空气和植物方面进行科学探究,四年级对气温、声音进行探究学习,五

[①] 中华人民共和国教育部.义务教育科学课程标准(2022年版)[S].北京:北京师范大学出版社,2022.16.

年级从细胞、气象等方面对以往的科学知识进行更深入的探究学习,最后六年级对宇宙、垃圾的分类进行探究学习,以上课程无不强调学生在科学探究中体验科学的乐趣。

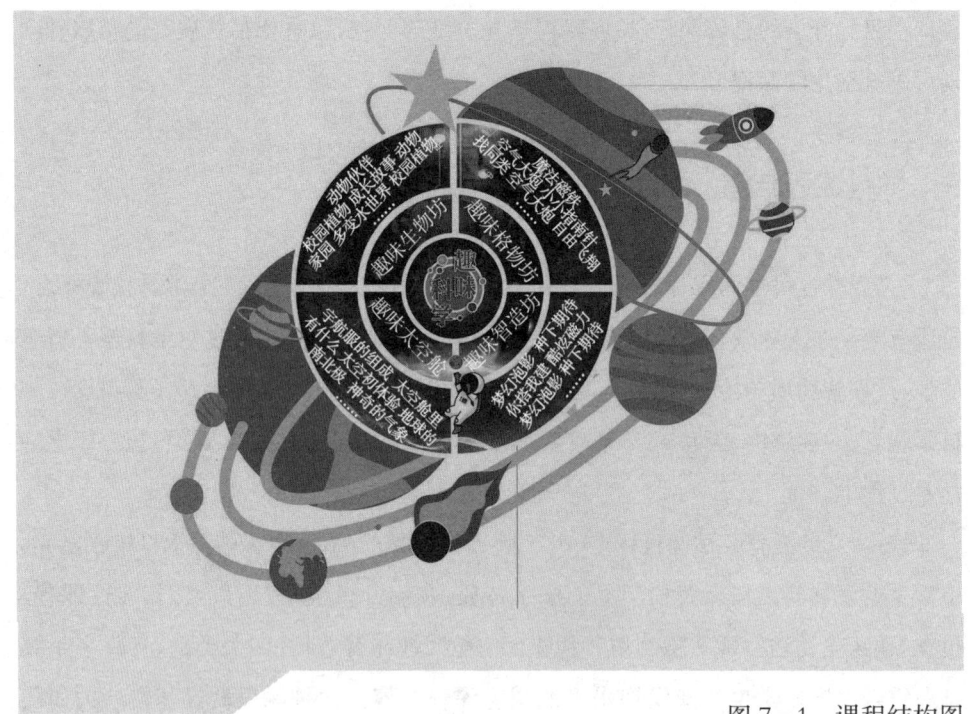

图7-1 课程结构图

我校"趣味科学"的开展,旨在通过科学课程学习使学生体验科学探究过程,培养良好的学习习惯,发展科学探究能力、学习能力、思维能力、实践能力和创新能力。

二、学科课程设置

科学学科课程针对不同的年级开展相应的活动,通过基础课程实现学生基本科学素养的培养,通过拓展课程实现学生探究能力的提升以及创新精神和创新能力的培养。小学六个年级分阶段的课程设置见表7-7。

表7-7 "趣味科学"课程设置表

年级		趣味生物坊	趣味格物坊	趣味太空舱	趣味智造坊
一年级	上	动物伙伴	魔法磁铁	宇航服的组成	梦幻泡影
	下	校园植物	空气大炮	太空舱里有什么	种下期待
二年级	上	成长故事	小小指南针	太空初体验	你搭我建
	下	动物家园	找同类	地球的南北极	酷炫磁力
三年级	上	多变水世界	空气大炮	神奇的气象	梦幻泡影
	下	校园植物	自由飞翔	三球世界	种下期待
四年级	上	秋天的使者	叶贴画	太空气象站	3D器官
	下	自然竞技场	神奇太阳能	大步流星	标本制作
五年级	上	细胞漂流记	撬动地球	妙用太阳光	生态瓶制作
	下	漂浮的土豆	传热小能手	神奇的昼夜	时间水钟
六年级	上	变化的我们	神奇的光	探月行动	编码语言
	下	植物身份证	垃圾分类	绿水青山	智能乐乐

三、学科课程内容

一切课程为了质量，"趣味科学"课程群建设以课程目标的达成和核心素养的落实为出发点，具体的课程内容如表7-8所示。

表7-8 "趣味科学"课程设置表

年级	课程名称	内容要点
一年级	1. 他们的明天 2. 你了解这些朋友吗 3. 火眼金睛 4. 大家来找茬 5. 找朋友 6. 这里有水吗 7. 东江水的来龙去脉 8. 瓶子里有什么 9. 哪儿来的香味	1. 知道动物都是生物。 2. 能说出常见的动物名称和动物的特征。 3. 知道物体的颜色、形状、轻重、薄厚、表面粗糙等特征。 4. 知道不同物体间有许多相同和不同的特征,可以根据这些特征对它们进行分类。 5. 知道水和空气具有无色、无味、会流动的特征。
二年级	1. 大千世界样样不同 2. 八方来客齐聚首 3. 原来你我本一家 4. 发挥余热价值大 5. 小块头大引力 6. 其实都是因为你 7. 你我他,大家 8. 女大十八变 9. 原来你也在这里	1. 认识自然世界和人工世界的常见材料。 2. 辨识多种物品的材料,区分同一类物品的不同材料。 3. 能依据一定的标准对常见废旧物品进行分类,知道节约资源、保护环境。 4. 知道磁铁能吸引铁制物体的特性叫磁性。 5. 能用磁铁识别不是用铁材料制作的物品。 6. 能够通过外部观察了解身体的基本结构。 7. 能够通过比较、测量,知道身体在生长变化。
三年级	1. 认识"水" 2. 不同形态下的水 3. 空气去哪儿 4. 能伸能缩的空气 5. 任性的天气小孩 6. 齐齐观测天气 7. 校园里的植物 8. 植物的一生 9. 我们的太空邻居	1. 知道水在一定条件下会变成水蒸气,当环境温度低于0℃水会结成冰。 2. 知道空气受热后会上升。 3. 知道天气每天都在发生变化,天气变化有一定的规律。 4. 知道绿色开花植物生长经历一定的生命周期:种子萌发、幼苗生长、营养生长、开花结果。 5. 知道斜面能省力。 6. 知道太阳、地球、月亮之间的关系。

续 表

年级	课程名称	内容要点
四年级	1. 气温计你知多少 2. 掌握过滤核心技术 3. 无处不在的声音 4. 声音的座驾 5. 忽明忽暗的小灯泡 6. 花式连接电路 7. 食物成分你知多少 8. 小包装里的大秘密	1. 初步学会使用温度计来测量气温。 2. 能使用过滤装置分离几种固体与水的混合物。 3. 知道声音可以在不同的物质中传播，不同的物质传播声音的效果不一样。 4. 能利用一个完整的电路点亮一只小灯泡，并用相同的材料，用不止一种的方法建立起完整的电路。 5. 学生在设计饮料包装信息的过程中，知道食品包装袋上主要有商品名称、生产日期、保质期、配料、厂家信息、生产许可、注意事项等信息。
五年级	1. 我们身边的振动 2. 振动的好朋友 3. "消失"在水中的物体 4. 溶解能力也分高下 5. 热量保卫战 6. 昼夜的由来 7. 水土流失危害大 8. 爱护我们共同的家园	1. 通过实际观察，了解振动的概念，知道声音是由物体振动产生的。 2. 知道不同的物质在水中的溶解能力不同。 3. 知道热的不良导体可以减慢物体热量的散失。 4. 知道地球是在不断自转的。 5. 知道雨水和径流会把地表的泥土带走，使土地受到侵蚀。
六年级	1. 剪刀手的朋友们 2. 比比肩膀谁的宽 3. 比比腰板谁的粗 4. 小眼睛大镜片 5. 脚下的飞船——地球 6. 万物生长靠太阳 7. 八月十五月儿圆 8. 一闪一闪亮晶晶	1. 认识机械指的是利用力学原理组成的各种装置。 2. 增加梁的宽度可以增加抗弯曲能力，增加梁的厚度可以大大增加抗弯曲能力。 3. 会使用放大镜，对比肉眼观察和使用放大镜，发现事物更多的细节。 4. 能利用想象推理，对太阳系的认识由浅入深，在头脑中建立思维模型，能认识到太阳系的复杂性和规律性。 5. 通过做实验，知道简单的填埋同样会污染环境。

第四节　激发兴趣体验科学活动

"趣味科学"课程旨在帮助学生在掌握科学知识的基础上,激发学生探究世界、学习科学的兴趣;养成认真探究的习惯,并主动探究、分析,用已有的知识和能力寻找解决问题的途径,培养科学思维,全面提升学生的科学素养。

我校的"趣味科学"课程目标涵盖生物学知识与技能、能力与方法以及情感态度与价值观等方面的基本要求,需要通过每节课或每项活动来逐步完成。为此,科学课程从建构"趣味课堂"、建设"趣味课程"、建设"趣味社团"、创设"趣味科学节"、拓展"趣味科学活动"等方面进行实施。

一、建构"趣味课堂",推进学科基础课程

"趣味课堂"是通过多样的教学手段、丰富的课程内容以及在课堂上教师用观察、实验、探究、游戏、演讲等形式多样的活动激发学生主动学习的动力,培养学生的科学思维方式和科学素养。

(一)"趣味课堂"的建构

1. 创设良好的情境,激发学生兴趣

科学教学中的情境创设方法多利用学生的好奇心,如神秘天文能有效引起学生对新知识的关注,或利用实验等活动激发学生的学习兴趣,如制作电磁铁、物体的沉浮、制作桥梁等启发学生思维,激发学生主动学习。

2. 设计有效的活动,转变学生学习方式

科学是一门"以培养科学素养为宗旨"的启蒙课程,有观察、探究、实验等多样的特色活动形式,科学课堂中有效的活动教学设计能为学生创造愉快的学习氛围,激发学生的学习兴趣和动机,为学生的个性发展提供广阔的空间。在课堂教学中,教师还可以通过游戏、演讲、视频、进行问题的辨认等各种各样的活动,使学生在活动中与现实世界直接互动。

3. 提高探究性实验指导的有效性

在探究性实验教学过程中,教师主导着整个教学活动的进行,起着组织者和管理

者的作用。如何选择优化的教学策略和教学方法,在有限的教学时间内开展高质量探究性实验教学,是提高探究性实验有效性的关键。学生在实验过程中,由于知识和能力的局限性,一旦缺乏教师的有效指导,往往会陷入误区,徒劳无功,最终失去实验的积极性。因此,提高探究性实验指导的有效性尤为重要。

(二)"趣味课堂"的评价要求

"趣味课堂"的评价,是以课程标准为依据,运用可操作的科学手段,收集有效的教学信息,为评价者的自我完善和有关部门的决策提供依据。

学生综合性评价应积极倡导评价目标的多元化和评价方式的多样化,坚持终结性评价与过程性评价相结合,定性评价与定量评价相结合,学生自评与他人评价相结合,努力将评价贯穿于学习的全过程。

1. 纸笔测验

纸笔测验是一种传统的考查方式,也是一种重要而有效的评价方式,重点应放在考查学生对基本概念、基本原理的认识和理解上,而不宜放在对知识的记忆和重现上;应重视考查学生综合运用所学知识、技能和方法分析和解决问题的能力;应注意选择具有真实情境的综合性、开放性的问题,而不宜孤立地对基础知识和基本技能进行测试。

2. 学习档案评价

学习档案评价是促进学生发展的一种有效评价方式。教师应培养学生自主选择和收集学习档案内容的习惯,给他们表现自己学习进步的机会。学生在学习档案中积累的材料可以是一次小实验的报告、一次小组活动的记录、一项实验设计制作、一个知识问题的提出和解答,等等。只要材料能使学生感到自豪和光荣,或者能证明学生走向进步就可以采用。教师要通过学生的成长记录全面反映学生的发展情况,收集和分析能够反映学生学习过程、结果的资料,这是客观、公正地评价学生学习的关键。

二、建设"趣味课程",开发学科拓展课程

"趣味课程"是一门集科学基础课程和科学拓展课程共同发展的课程,即"1+X学科课程群"。基础课程强调学科基础知识,拓展课程主要是指与学科课程内容相关的

研究性学习、专题教育,是基础课程的延伸、应用和整合,旨在激发学生兴趣,拓展学生知识面,发展学生核心素养。

(一)"趣味课程"的建设路径

提供丰富的科学选修课程,创建"1+X学科课程群"。根据新课改的要求,结合学校的办学特色和教师的教学风格,科学教研组充分挖掘教师的潜力,开发和开设丰富的课程供学生选择,满足不同学生的发展需求,为学生的多元化发展创造条件。例如四年级的分离液体中溶解物的方法、声音传播,五年级做太阳能热水器、证明地球的自转和公转,六年级校园及周边生物大搜索、一天的垃圾大调查等。教师充分利用学校及社区资源,将其作为学生课程资源,并且有计划有组织地安排学生进行长期或短期的调查、观察活动,激发学生学习兴趣,提高教学质量。

(二)"趣味课程"的评价要求

"趣味课程"课堂教学评价不同于传统课堂,它强调课堂上的互动性,强调生活化和以人为本。与此相应,"趣味课程"的评价关注点不仅要注重教师的行为表现,更要充分注重学生的课堂行为表现,要看大多数学生能否在最大程度上实现有效学习。因此,课堂要特别关注学习活动的目的性——通过活动达成学习目标;关注学习活动创设的启发性——通过活动创设,激发学生学习兴趣,调动学生学习积极性,启迪学生思维;关注学习活动过程的探究性——通过活动让学生自主建构知识,掌握学习研究的方法,形成正确的情感态度价值观。

三、建设"趣味社团",推进兴趣爱好课程

"趣味社团"是课堂教学所代替不了的,它既可以以课堂教学为基础,又可以相对脱离课堂教学,它是课堂教学的辅助和延伸,能培养学生的兴趣爱好,提升学生的能力,开发学生的多元智能。

(一)"趣味社团"的主要内容

1. 开展趣味探究实验

在重分数、轻动手的教育体制下,现在中小学生大都存在创造性思维差、动手能力不足等问题。为了改变这种状况,鼓励学生多动手、多动脑,进行学生创造性、发散性思维训练,是培养学生科学素养的重要手段。

2. 开展科普活动

学生在参与科学科普实验的过程中,不仅可以巩固书本知识,加深对概念规律的理解,更重要的是还能够培养动手能力和创新精神;在活动的过程中遇到困难能磨练学生的意志,成功的喜悦会激励他们不断进取,增强战胜困难的信心。

3. 设置科学探究站点

充分利用学校及周边自然环境,为学生提供开展科学科技活动的机会;积极开放学校图书馆、科学探究室;积极与区科技馆、图书馆等科普单位联系,为学生提供探究活动的实验场所。

4. 抓好科普宣传活动

鼓励学生通过各种渠道借阅科普读物,并提倡互通有无;引导学生主动了解最新科学科技发展动态。充分利用学校、科学教室、校园科技环廊进行布置,如粘贴优秀科技小论文、近年来在创新大赛或科技小达人活动中获奖学生的情况和介绍等。

5. 以科技创新大赛为平台,开展科学探究性活动

科技创新大赛是一项培养学生创新精神和探究能力的大赛,有全国赛和各个省、市赛。教师可以通过讲座和课堂宣传这项比赛,挑选对科学科技兴趣深厚、喜欢做实验和探究的学生进行定期培训,辅导参赛学生开展探究性活动,例如挑选主题、设计方案、实验探究等,并指导学生撰写科技小论文。在这些活动中,学生的自主学习能力、合作能力和科学探究能力能够得到快速提升。

(二)"趣味社团"的评价要求

对于科学"趣味社团"活动课的考核应体现在教学理念、教学基本功、课堂教学、教学研究、创新能力及他人评价等方面。多方面的考核可以让儿童了解活动课的重要性,从而使活动课成为提高儿童整体素质的重要学科课程组成部分(见表7-9)。

表7-9 "趣味社团"评价表

评价项目		评价等级		
		好	中	差
教学理念	1. 了解课程理念			
	2. 体现新的课程观、教学观、学生观和评价观			

续　表

评价项目		评价等级		
		好	中	差
教学基本功	1. 教态亲切自然,富有亲和力、感染力			
	2. 语言表达清晰、简练、生动,准确表达自己的学术观点			
	3. 板书简洁、规范,媒体技术运用合理			
	4. 实验操作熟练、规范			
课堂教学	1. 课前准备充分,教学设计合理			
	2. 教学组织流畅,教学结构优化			
	3. 改革教学方法,促进学生自主建构			
	4. 对教材等教学资源进行有效的整合,创造性使用教材			
	5. 评价促进学生的发展			
教学研究	1. 积极参加校本教研研讨,开设研究课			
	2. 主动反思教学,不断改进教学方法			
	3. 教研能力强,有书面研究成果并交流			
创新能力	1. 创造性地开展教学,形成独特的教学范式			
	2. 开发课程资源,整合现代教育手段,提高教学质量			
他人评价	1. 学生评价			
	2. 家长评价			
	3. 同行评价			
	4. 其他人员评价			

评语：

评价人签名：

四、创设"趣味科学节",浓郁学科课程氛围

结合我校科学课程和学生的发展状况,为活跃学生学习科学的氛围,提高学习兴趣,鼓励学生大胆创新,科学教研组提出举办"趣味科学节"系列活动。

(一)"趣味科学节"的主要内容

（1）进行"趣味科学节"开幕式活动,利用校园广播进行科学科普宣传。

（2）以高、中、低年段划分征集科学小论文活动。

（3）开展"小小科学家"比赛,进行校内选拔和展示。

（4）进行"校园动植物观察"活动,征集学生制作动植物图卡。

(二)"趣味科学节"的评价要求

"趣味科学节"的评价是为了判断活动节日中存在的不足,分析原因,并为促进节日活动更好地进行而制订的,"趣味科学节"评价细则见表 7-10。

表 7-10 "趣味科学界"评价表

评价对象	指标体系	评价内容	评定等级
趣味科学节工作	组织建设	1. 章程、制度健全 2. 有专业教师负责	
	活动目标和计划	1. 有年度活动目标 2. 活动目标明确具体 3. 有实现目标的行动计划 4. 计划科学、合理且可行	
	学生活动表现	1. 积极主动,活动到场率高 2. 生生合作、师生互动好 3. 学生有问题意识 4. 学生有较多的体验和感受	
	负责教师表现	1. 服务意识强 2. 积极参加学校组织的培训或会议 3. 指导教师之间经常交流工作情况,工作顺利开展 4. 工作能力强	
	活动记录和资料保存	1. 记录及时 2. 各种记录保存完好	

五、拓展"趣味科学活动",促进学科素养

"趣味科学活动"强调在科学实验探究活动中,学生不仅要做好实验,而且能把整个实验过程简明扼要地表述出来。"趣味科学活动"是科学基础课程的有益补充,是培养学生科学素养的新内容和新方式。

(一)"趣味科学活动"探究性科学实验秀

"趣味科学活动"的实施首先是以年级或班级为单位,基于学生兴趣,在教师的引导下,从自然现象、社会和生活实践中选择和确定探究实验主题;组建学校科技活动导师团队,发展有专业之长的家长帮助组织实验秀活动,让班级家委成为"趣味科学活动"协助者;接着制定"趣味科学活动"的各项规章及要求等,完成前期准备工作;最后组织各班优秀选手进行科学实验秀展示。学生在活动中体会到乐趣,科学探究提升了学生的学习兴趣,激发学生的求知欲望,唤起他们的好奇心。

(二)"趣味科学活动"的评价要求

科学实验秀的评价主要考查学生能否通过"趣味科学活动"的学习掌握实验的基本操作要求及规范,并且能够对探究实验进行操作和讲解。考查内容以"趣味科学活动"课程中涉及的实验为主,实验内容采用随机抽签的方式进行。

1. 语言表达评价

在八分钟内的时间,学生确定科学实验所要研究的问题,并且能提出自己合理的猜想或假设,能提出自己的实验解决方案。

2. 实验操作评价

在实验展示的过程中,学生能正确选择实验仪器,并正确使用,合乎规范,注意安全。按正确的实验步骤进行观察、实验、制作活动,并进行验证。实验过程中,集中精力,仔细观察,正确读取数据,能一边实验一边观察并及时记录原始实验数据。实验结束后能进行讲解。实验结束后,能将所用仪器、物品及时放回原处,保持卫生。实验态度认真、严谨,实验过程有条理,运行规范。

3. 完成效果评价

对于所要研究的问题,学生通过实验能写出自己的发现或根据实验现象,通过简单的思维加工得出的结论。表达清晰,对于所要研究的问题,能得出正确的结论

（见表 7-11）。

表 7-11 "趣味活动"评价表

形式	评价内容	评价标准及等级
实验性评价	语言表达	学生语言表达能力共分 A、B、C、D 四个等级。 A. 8—10 分 B. 7—8 分 C. 6—7 分 D. 6 分以下
	实验操作	学生实验操作共分 A、B、C、D 四个等级。 A. 8—10 分 B. 7—8 分 C. 6—7 分 D. 6 分以下
	完成效果	学生完成效果共分 A、B、C、D 四个等级。 A. 8—10 分 B. 7—8 分 C. 6—7 分 D. 6 分以下

总之，科学课程通过"趣味科学"，实现对学生科学素养的培养；以"趣味课堂""趣味课程""趣味社团""趣味科学节""趣味科学活动"为载体，实现对学生探究能力、创新精神的培养。

（撰稿人：朱建东　陈锋　吴美玲　钟海涛）

后 记

广州开发区第二小学创办于1997年9月,迄今已发展为多校区办学,拥有114个教学班,开启了集团化办学之路。

课程改革并不是一个新鲜的话题,当下很多学校都在进行,但在实践中,我们往往感到困惑的是:我们身边不缺课程,缺的是系统的课程建设,如何在儿童、实践、教育三者之间建立有效的联结,如何在教育实践中找寻到真正具有"儿童味""创新性"的课程建设系统。这就需要我们在课程理念、课程目标、课程体系、课程实施与评价等方面,不断地打开、突破与重建。

我校有着明确清晰的课程建设思路:在义务教育课程标准的基础上,打破原有的学科课程体系,聚焦于学生核心素养培育目标,着眼于提升学生综合能力,并致力于形成培养学生高品质思维能力、高水平综合素养的选择性、延伸性课程,构建了"让孩子微笑每一天"课程体系。在此课程体系下,学校力争把每一个二小学子都培养成品行善良、聪慧好学、活力飞扬、才艺多元、阳光自信的优秀少年。

本次课程建设的系统探究以"自然资源"与"人文资源"两条主脉络引领,突破了原有局限,打破学科界限,给予课程更加开放的视野和持续发展的路径。课程打破学习空间的限制,把原有传统传授知识为主的课程文化,改为更加注重学科特色,强调学科之间融合的学科体系。在重建学科体系的过程中,学校在充分尊重学科建设、学生发展规律的基础上,更加注重发挥本校优势和特色。

这本书是我们在推进"微笑教育"过程中的积极思考与探索。我校部分骨干教师在课程理念的引领下,参与课程开发,撰写各学科课程体系,且全程实施,为推动我校探索"微笑课程"做出了巨大的贡献。我们希望,能够通过自己有限的探索与发现,给教育者提供思索教育的又一突破口,让我们继续保持微笑前行的姿态。

在这几年的课程建设中,我们深刻体会到:高品质的课程都是基于自身土壤而产生的,即便课程形态不一,但骨子里的精神是一致的,那就是指向儿童自由、完整、富有质量的发展。我们的校本课程深深植根于学校,师生对它的感情、倾注的智慧、秉承的学校办学思想、学校的文化资源以及师生加工处理了的各种信息资源,都是它赖以生存和发展的空间。基于"微笑教育"理念的课程,说到底,就是"回归儿童、回归自然、回归生活",我们教育者所要做的,就是致敬童年的多样,丰盈儿童的心灵,助力儿童的成长。

本书共七章:悦心语文——用语言涵养儿童的精神世界;悦智数学——在智趣共生中提升素养;缤纷英语——用神奇的字母了解多彩世界;悦雅音乐——用动听的旋律陶冶心灵;乐动体育——在体育运动中享受乐趣;七彩美术——创意描绘美丽的世界;趣味科学——在探索中追寻真趣。我校根据每个年段的发展特点,制定了多样化的特色课程,形成了独具特色的课程文化——有妙趣横生的"故事大会"、绚丽多彩的"美丽的窗花",还有风趣幽默的"画中有话"、活力四射的"绳彩飞扬"……这些特色课程群的设置,使得学校课程体系更加完善、立体。我们在课程体系中努力落实"让孩子微笑每一天"的建设理念,让每一个微笑少年都能在课程学习过程中收获自信、乐观和勇气。

本书是集体智慧的结晶,每一位教师都是课程的开发者与创造者。这本书凝聚着李悦新、李娟、郑超、方静蓉、陈丹虹、矫琦、莫志敏、简嘉贤、朱建东等老师的心血。在这里,特向各位参与课程开发的老师们致敬!

特别感谢上海市教育科学研究院杨四耕老师的引领与指导,特别感谢华东师范大学出版社编辑的细致与专业!

本书编委会

2021 年 12 月 20 日